「ハングル」検定 公式テキスト

배우기
[ペウギ]

5級

発刊のごあいさつ

　お隣の国の言葉、韓国・朝鮮語を少しでも聞きとれたらいいな、という方から、しっかり学んで、ゆくゆくは両国の橋渡しとなる通訳者になりたい、という方まで、語学学習を始めてみようと思い至る、その「最初の一歩」は誰にでも訪れます。
　現在、巷には様々な韓国・朝鮮語の初心者用の本が溢れています。
　日・韓の交流がこれほど盛んになった今日においても、今なお近くて遠い国といわれる朝鮮半島ですが、「ハングル」を習うのは相互理解を深めるための最短ルートだと思います。
　ハングル能力検定協会は、日本で「ハングル」を普及し、日本語母語話者の「ハングル」学習到達度に社会的評価を与え、南北の表記の統一に貢献するという3つの理念で運営して参りました。2012年10月9日に協会設立20周年を迎え、人に例えると成人して間もない当協会ですが、検定試験のガイドラインに沿ったテキストの発刊は、協会設立以来の一つの大きな目標でもありました。
　この度、著者である黒澤朋子先生の精力的なご執筆のもと、協会が今日まで蓄積したノウハウを盛り込み、「ハングル」の初歩を学びながら、「ハン検5級合格」を達成するためのテキスト発刊に至りました。この書籍は、「ハングル」能力検定試験評価の特色である、「日本語母語話者が『ハングル』を学習する」上で難しい点はどこか、どの順で学べば「ハングル」をより正確に、より早く、より分かり易く習得できるかに重きを置いたテキストです。
　「ハングル」の初歩を習いながら、更にハン検資格取得の近道を学習者の皆さまに歩んで頂けるよう構成しました。このテキストを授業の教材としてご活用頂くのはもちろん、音声ペン（別売り）を使えば、独学の方も学べるよう配慮してあります。
　このテキストで「ハングル」の扉を開いてみてください。
　本書の発刊が、学習者の皆様のより豊かな人生へのステップアップと、これからの国際交流の一助となれば幸いです。

2014年3月1日
特定非営利活動法人
ハングル能力検定協会

目　次

発刊のごあいさつ 2
本書の使い方 7
セーラー音声ペンの使い方 12

◆はじめに 14

1課 ハングルの「あ・い・う・え・お」 16
　　　◆母音字とその発音【前半】

2課 ハングルの「あ・か・さ・た・な」 22
　　　◆子音字とその発音【前半】

3課 ハングルの「や・ゆ・よ・わ」 26
　　　◆母音字とその発音【後半】

4課 ハングルには「か」が３つ?! 30
　　　◆子音字とその発音【後半】

5課 ハングルの「っ」「ん」 36
　　　◆パッチムと終声

6課 タン＋オ＝タノ?! 42
　　　◆連音化　◆2字母からなるパッチムとその発音

7課 アンニョハシムニカ？・アンニョンハセヨ？ 46
　　　◆色々なあいさつ　◆합니다体と해요体　◆합니다体の鼻音化

◆ハングル練習帳 50

8課 「趣味は料理です」 54
　　　◆-는/-은「〜は」　◆-입니다/-입니까？「〜です(か？)」　◆分かち書き

3

9課　「韓国に友達がいます」 ……………………… 58
　◆-라고/-이라고「～と」◆用言の種類 ◆합니다体の現在形の作り方

10課　「夫は韓国人です」 ……………………………… 62
　◆濃音化① ◆-가/-이「～が」◆-예요/-이에요「～です」

11課　「韓国語を勉強しています」 ………………… 66
　◆-를/-을「～を」◆-의「～の」◆하다用言とその해요体

12課　「日曜日は大丈夫です」 ……………………… 70
　◆ㅎの脱落と弱化 ◆正格用言の해요体

13課　「家でもよく作ります」 ……………………… 74
　◆저と나・2つの「わたし」◆助詞の組み合わせ ◆正格用言の해요体(2)

14課　「日本の方ですか？」 ………………………… 78
　◆사람の尊敬語 분「方」◆-(이)십니다/-(이)세요「～でいらっしゃいます」

15課　「姉ではありません」 ………………………… 82
　◆제/내/우리～「私の～」◆-가/-이 아니에요「～ではありません」

16課　「どこにお住まいですか？」 ………………… 88
　◆ハングルのこ・そ・あ・ど(1) ◆-에서の縮約形-서「～で」「～から」◆-(으)십니다/-(으)세요「～なさいます」

17課　「映画はあまり見ません」 …………………… 92
　◆ 안 ～「～しません、～くありません」◆否定形で聞かれた時の答え方

18課　「誕生日はいつですか？」 …………………… 98
　◆○○は～ですか？ ◆漢字語数詞 ◆月日の言い方

19課　「全部で1万2千ウォンです」 ……………… 102
　◆ハングルのこ・そ・あ・ど(2) ◆漢字語数詞につく助数詞

20課　「このお店はビビンバがおいしいです」 …… 106
　◆있다と없다「ある」と「ない」◆알다と모르다「知っている」と「知らない」

21課　「授業は何時から何時までですか？」 ……… 112
　◆1～20までの固有語数詞 ◆固有語数詞につく助数詞

22課 「コンビニの中にATMがあります」 ……………………………… 118
　◆位置の言い方

23課 「その友達は韓国語が上手ですか？」 ………………………… 124
　◆激音化　◆저, 나, 누구+助詞-가　◆잘하다と못하다「上手だ」と「できない」

24課 「こちらの席、どうぞ」 …………………………………………… 130
　◆-(으)세요「～してください」　◆いろいろな「どうぞ」

25課 「何を注文しましょうか？」 ……………………………………… 134
　◆무엇/무어/뭐「何」　◆-(으)ㄹ까요?「～しましょうか？」　◆-로/-으로 하다「～にする」

26課 「いい映画でした」 ……………………………………………… 138
　◆正格用言の過去形　◆指定詞の過去形「～でした」

27課 「食事しましたか？」 …………………………………………… 144
　◆하다用言の過去形　◆아직 안+動詞の過去形「まだ～してません」

28課 「地下鉄に乗って行きます」 ……………………………………… 148
　◆-고「～して、～で」　◆-로/-으로「～で」「～として」「～へ」

29課 「早く会いたいです」 …………………………………………… 154
　◆-고 싶다「～したい」　◆-보다「～より」

30課 「お酒は飲めません」 …………………………………………… 160
　◆鼻音化　◆못 ～「～できない」

31課 「どこか具合が悪いのですか？」 ……………………………… 166
　◆으語幹用言　◆모르겠어요「分かりません」

32課 「ソウルは寒いでしょう？」 ……………………………………… 172
　◆-지요/-죠「～ですよ」

33課 「冷麺はひとつにします」 ……………………………………… 178
　◆補助語幹-겠-「～するつもり」　◆알겠습니다「分かりました」

34課 「菅井茂と申しますが」 ………………………………………… 184
　◆身内への尊敬語　◆尊敬語の계시다　◆-ㅂ니다만/-습니다만「～ですが」

5

35課　「本当ですか？」……………………………………… 190
　　　◆表現を丁寧にする-요(?)/-이요(?)「〜です（か？）」

36課　「ソウルは冬のように寒いです」…………………… 196
　　　◆あらたまった文章　◆-와/-과/-하고 같다「〜のようだ」

37課　筆記問題模擬試験 ………………………………… 204

38課　筆記問題模擬試験解答と解説 …………………… 214

39課　聞きとり問題模擬試験 …………………………… 232

40課　聞きとり問題模擬試験解答と解説 ……………… 240

◆巻末資料……………………………………………………………

　　かな文字のハングル表記/p250
　　練習問題の解答/p252
　　索引/p258

◆コラム……………………………………………………………

　　ハングル母音字の陰と陽/p19(1課)
　　陽には陽を、陰には陰を/p29(3課)
　　子音字は発音器官をかたどって作られた/p33(4課)
　　かな文字のハングル表記/p41(5課)
　　辞書の引き方/p44(6課)
　　年齢の数え方/p116(21課)
　　かばん、お持ちしますよ/p183(24課)
　　「語基」や「連用形」ってなんのこと？/p201(36課)

本書の使い方

◆ 本書の概要

本書は、「ハングル（韓国・朝鮮語）」学習初心者のための基礎入門レベルから、「ハングル」能力検定試験5級合格レベルまでを網羅して構成されています。

◆ 本書の構成

▶「はじめに」：「ハングル（韓国・朝鮮語）」の概要について（p14〜15）
▶「1課」〜「7課」：文字と発音の基礎（p16〜49）
▶「8課」〜「36課」：色々な場面のダイアローグなどを用いて、単語や発音、文法を詳しく学んでいきます。（p54〜203）

17課 「영화는 아마리 보지 않아요」

ソジンさんは同じ大学のヨナさんと親しくなりたくて、週末どこかに誘いたいのですが、なかなかきっかけがつかめません。

서진：연아 씨는 영화를 잘 봐요?
연아：영화는 잘 안 봐요.
서진：주말에 어디 안 가요?
연아：네, 주말에는 밖에 안 나가요.
　　　그런데 서진 씨는 주말에 공부 안 해요?
서진：저…… 공부는 안 좋아해요.

【本文の訳】
ソジン：ヨナさんは、映画をよく見ますか？
ヨ ナ：映画はあまり見ません。
ソジン：週末に、どこかに行かないんですか？
ヨ ナ：ええ、週末は外に出ません。ところで、
　　　　ソジンさんは週末に勉強しないんですか？
ソジン：あのう……、勉強は好きではありません。

■ ダイアローグと
　日本語訳

7

■語句と語句の説明
　音声ペンで発音が
　聞けます。

```
　　　　　　　　　　　　　　　　　　　17課 「映画はあまり見ません」

【語句】
①영화　　辞映画　　　　　　　②봐요?　見ますか　辞보다
③안　～しない、～でない　　　④주말　辞週末
⑤-에　～に　　　　　　　　　⑥어디　どこか
⑦밖　外　　　　　　　　　　　⑧나가요　出かけます　辞나가다
⑨저　あのう、ええと
◆語句の説明
　⑥「どこ」という疑問詞と同じ形ですが、ここでは「どこか」という不特定の場所を指します。

1．안～ 「～しません」、「～くありません」
「～しない」「～くない」と動詞や形容詞を否定形にするには、その用言の前に안を置きます。안と用言は離して書きます。
◎안 먹어요.　食べません。
◎안 좋아요?　よくありませんか?
◎안 비싸니다.　高くありません。
ただし、하다用言のうち、〈名詞＋하다〉形の動詞は、名詞と하다の間に안が入ります。
◎운동 안 합니다.　運動しません。
◎식사 안 해요?　食事しないのですか?
```

■1、2などは
　文法の解説

```
2．否定形で聞かれた時の答え方
「～しないのですか」、「～ではないのですか」という否定形の疑問文に対して相手の質問通りであれば、네と肯定で答え、質問と反対の答えであれば、아뇨と否定で答えます。
　この答え方は、日本語と同じですね。

A：이 영화 안 좋아해요?　この映画、好きではありませんか?
B：네, 안 좋아해요.　はい、好きではありません。
A：이 영화도 안 좋아해요?　この映画もお好きではありませんか?
B：아뇨, 좋아해요.　いいえ、好きです。

【単語帳】　～趣味編～

①운동　辞運動　　　　　　②스포츠　スポーツ
③야구　辞野球　　　　　　④축구(蹴球)　サッカー
⑤영어　辞英語　　　　　　⑥영화　辞映画
⑦티브이　テレビ　　　　　⑧드라마　ドラマ
⑨비디오　ビデオ　　　　　⑩뉴스　ニュース
⑪여행　辞旅行　　　　　　⑫요리　辞料理
⑬책(冊)　本　　　　　　　⑭신문　辞新聞
⑮사진　辞写真
```

■単語帳
　音声ペンで単語の
　発音が聞けます。

8

■練習問題

> **練習問題**
>
> 1. 次の文を안を使って否定形に書き換えましょう。
>
> 1) 한국 음식은 잘 먹어요. 韓国の食べ物はよく食べます。
>   →
>
> 2) 술은 나도 마셔요. お酒は私も飲みます。
>   →
>
> 3) 저는 지금 도쿄에 삽니다. 私は今東京に住んでいます。
>   →
>
> 4) 한국어를 공부해요? 韓国語を勉強していますか？
>   →
>
> 5) 서진 씨도 같이 식사해요? ソジンさんも一緒に食事しますか？
>   →

17課 「映画はあまり見ません」

▶「ハングル練習帳」：筆順を練習するページです（p50〜53）。
▶「単語帳」：その課の学習内容に関連した「単語」をピックアップしました。
▶「コラム」：「ハングル」に関する豆知識をまとめました。

◆音声ペンの使い方〜音声ペン（別売）で更に学びやすく!!
  ▶ (音声ペンマーク)は、学習する上で聞いた方がわかり易い、学習者が説明と一緒に必ず聞いて欲しい部分にのみ入っています。
  ▶各課のダイアローグ・語句・例文・単語帳・発音してみましょう等にペンマークはありませんが、音声ペンでタッチすることでネイティブ発音が聞ける仕組みになっています。

◆表示と記号の凡例

▶読み方の表示：本書ではハングルに慣れるための一助として、10課まで一部の単語や文章の読みをカタカナや発音記号で表記した。カタカナでハングルの読みを表記するには限界があるため、カタカナのルビはあくまでも参考である。正しいハングルの発音は、音声ペンで聞くのが最も望ましい。

▶語句と単語帳の〈　〉：漢字表記

▶語句・単語帳の㊗：日本語と共通の漢字語

▶辞：辞書形（辞書に載っている形）

▶音声ペンマーク✎：学習の段階で、必ず聞いて欲しい部分にこのマークをつけた。このマークがなくても、音声ペンをあてるとネイティブ発音を聞ける文字がある。

▶◎：例文

◆登場人物

ゆり子　　しげる　　チンス

ゆか　　ミンギュ　　ユノ　　ナヨン

ソジン　　ヨナ　　ヒョヌ　　テヒ

はじめまして、黒澤朋子です。本書1冊でハングル学習の初歩と「ハン検5級」取得の2つを目指します。音声ペンがあれば独学も可能です。一緒に楽しく学んでいきましょう。

ペン先でタッチすると、ネイティブ発音が聴ける！
セーラー音声ペンの使い方

　本書籍には音声コードが印刷してあり、別売りのセーラー音声ペンを利用してハングルのネイティブ音声を聞くことができます。

◇音声ペンの仕様

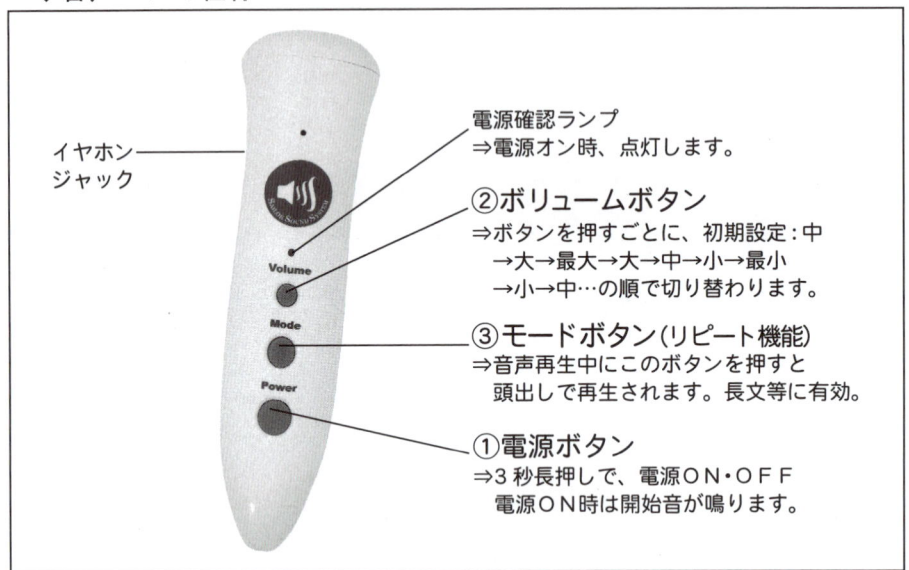

イヤホン
ジャック

電源確認ランプ
⇒電源オン時、点灯します。

②ボリュームボタン
⇒ボタンを押すごとに、初期設定：中
　→大→最大→大→中→小→最小
　→小→中…の順で切り替わります。

③モードボタン(リピート機能)
⇒音声再生中にこのボタンを押すと
　頭出しで再生されます。長文等に有効。

①電源ボタン
⇒3秒長押しで、電源ＯＮ・ＯＦＦ
　電源ＯＮ時は開始音が鳴ります。

〔操作手順〕
1．①電源ボタンを3秒以上長押しすると、開始音が流れて電源オンとなります。
2．電源を入れた音声ペンのペン先を、本書の表紙にタッチしてください。表紙にタッチすることで、音声ペンがこの書籍モードになり、スタンバイ完了です。
3．本文のハングルで書かれた各項目"余白部分"に、ペン先でタッチしてください。タッチした欄にある項目のネイティブ音声が流れます。
4．②ボリュームボタン及び③リピートボタンの使用法は、上記の図をご覧下さい。
　※ボリュームは、裏表紙のボリュームマークにタッチしての調整も可能です。

－ハングル部分にタッチすると音声が流れます。🔊マークは必須音読です。先生が必ず聞いてほしい音声には🔊マークをつけました。
－付属のイヤホンを挿してないときは、音声ペン上部のスピーカーから音声が流れます。
－音声ペンの保証書は大切に保管してください。
－音声ペンの不具合や故障に関するお問い合わせは、サポートセンターへ直接お問い合わせください。〔セーラー音声ペンサポートセンター：電話 03-3846-2425〕

　使用上の注意：文字の黒い部分ににペン先をあててしまうと、墨インクがコード読み込みの邪魔をして、稀に音声が正常に流れないことがあります。文字周辺の余白部分をタッチしてください。

セーラー音声ペン　ご購入申込書

金額	本体価格￥8000＋税 /1本　　計　　　　円	送料	全国一律￥500	合計	￥8000＋税＋送料
音声ペン対応書籍	協会発行：合格トウミ(改訂版―初・中級編)、上達トハギ、読む書く「ハン検」、ペウギ ※セーラー刊 YUBISASHI 旅行会話・韓国/中国/アメリカ			計7冊に対応	
お名前	（フリガナ） 		ご注文日	年　　月　　日	
お届け先ご住所	〒				
電話番号			FAX番号		
注文本数	音声ペン　　　　　　　本		合計金額	￥	
※通信欄			入金明細書貼付欄		

※返品は商品到着後7日以内、未開封の場合のみ可能です。返品時の送料はお客様負担となります。
　一度開封されたものは理由のいかんにかかわらず、上記指定期間内でも返品できないのでご注意ください。

◆セーラー音声ペン　ご購入方法

○この書籍の語彙音読を聴くには、協会書籍対応のセーラー音声ペンが必要です。
　〔トウミ、トハギ、読む書く「ハン検」、本書、※YUBISASHI旅行会話・韓国/中国/アメリカ〕の計7冊対応
○セーラー音声ペンは、協会で直接お買い求め頂けます。
○協会への直接お申込みはこの申込書をご使用の上、①郵便振替口座へ料金前納でのご購入か、②電話注文後、代引きでのご購入(送料・代引き手数料はご購入者様負担)となります。詳しくは下記をご確認の上、お間違いのないようお申込みください。

1．このページをコピーし、上記〔ご購入申込書〕の必要事項を全てご記入ください。
2．郵便局へ行って、郵便局備え付けの振替用紙に協会口座番号、加入者名、申込者のお名前、ご住所、電話番号などを記入します。
　　◆口座番号：00160-5-610883◆加入者名：ハングル能力検定協会
3．振替用紙の通信欄に〔音声ペン〇本〕と記入し代金をお支払いください。
4．その後、振込金受領書を申込書の貼付欄に貼付け、FAXまたは郵便にて協会までお送りください。送り先住所とFAX番号は下記の通りです。
　　〔送付先住所〕〒136-0071 東京都江東区亀戸2-36-12 8F 音声ペン購入係宛て
　　〔電話〕03-5858-9101 〔FAX送付先〕03-5858-9103
　　※協会ホームページからも音声ペン注文書をダウンロードできます。
　　※ご不明な点は、お申込み前に協会へ直接お問い合わせください。

はじめに

　みなさんが学ばれるこの言語は、現在日本で様々な呼ばれ方をしています。学術的な場では「朝鮮語」と呼ばれることが多く、一般には「韓国語」と呼ばれることが多いと言えます。また、「ハングル」と呼ばれることもありますが、「ハングル」は本来言語名ではなく、この言語を表記する文字の名称です。本書では「韓国・朝鮮語」または短く「韓国語」「ハングル」と呼ぶことにします。

1. 韓国・朝鮮語はどこで話されているか？

　韓国・朝鮮語は、大韓民国（以下、韓国：人口約5,000万人）と朝鮮民主主義人民共和国（以下、共和国：人口約2,500万人）の公用語です。それ以外に、中国、日本、ロシア、ウズベキスタン、カザフスタン、アメリカをはじめとする多くの国に、この言語を話す人が住んでいます。韓国と共和国の言葉は、東京方言と大阪方言のような違いがあります。本書でみなさんが学ぶのは、韓国の標準語です。

　韓国ではこの言語のことを한국어〈韓国語〉または한국말〈韓国-〉、共和国では조선어〈朝鮮語〉または조선말〈朝鮮-〉と呼びます。またこの言語を母語とする人たちは、「わたしたちの言葉」という意味の우리말という呼び方もします。

2. 言語の特徴

①日本語と共通の漢字語が多い

　韓国・朝鮮語の単語には、固有の言葉である「固有語」、漢字で表記できる「漢字語」、そして「外来語」があります。「固有語」は한국말の말のよう

14

に漢字表記がありません。「漢字語」は한국어、조선어のように日本語の漢語と同じものが多くありますが、「勉強」という意味の공부〈工夫〉という単語のように日本語とは異なるものもあります。漢字は正字体（旧字体）を使うため、日本で使う漢字とは異なるものがあります。ただし、漢字語であっても、普通、書くときはハングルで表記します。

②日本語と文法が似ている

저는	일본에서	한국어를	공부합니다	.
私は	日本で	韓国語を	勉強します	。

어떻게	한국어를	공부하셨습니까	?
どのように	韓国語を	勉強なさいましたか	。

　韓国・朝鮮語は、文法のしくみが日本語と非常によく似ています。日本語と語順がほぼ同じで、日本語の「てにをは」に当たる助詞があります。主語や助詞はよく省かれます。また、敬語が発達している点も日本語と似ています。

③ハングルという文字を使用する
　ハングルは1443年に朝鮮王朝第4代王である世宗王が創製し、1446年に『訓民正音』という名の本により公布されました。ハングルが作られる前は、韓国・朝鮮語は漢字で表記されていましたが、一般の国民にも使いやすい固有の文字が必要であると考えた世宗王は、学者らと共にハングルを作りました。そして、20世紀に入り、一般に普及しました。現在は、横書きが主流です。文末には「.」や「？」、「！」などの符号をつけます。
　ハングルの構造については1課で学びます。

1課　ハングルの「あ・い・う・え・お」
◆母音字とその発音【前半】

１．ハングルの構造

　ハングルは、ひらがなと違い、子音を表す部分と母音を表す部分が組み合わさってひとつの文字を構成します。例えば「感謝」という単語をハングルで書くと…

감(カム) 사(サ)　と二文字になります。

　それぞれの文字は、さらに２つまたは３つのパーツに分解できます。最初の文字「감」は、子音の［k］を表す「ㄱ」と、母音の［a］を表す「ㅏ」、子音の［m］を表す「ㅁ」からなり、合わせて［kam］という音になります。「사」は、子音の［s］を表す「ㅅ」と、母音の［a］を表す「ㅏ」からなり、合わせて［sa］という音になります。この各パーツのことを**字母**と言います。
　最初に発音される子音を**初声**、初声と一緒に発音される母音を**中声**、最後の子音を**終声**と言います。

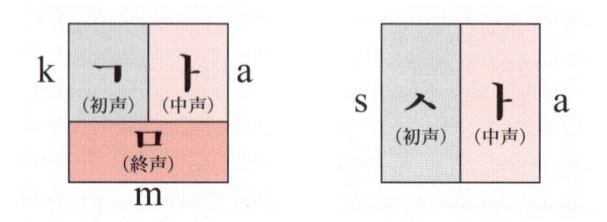

```
k ㄱ | ㅏ a         s ㅅ | ㅏ a
 (初声)(中声)          (初声)(中声)
   ㅁ
  (終声)
   m
```

　初声と終声を表す字母を**子音字**、中声を表す字母を**母音字**と呼びます。
では、これから各字母を習っていきましょう。

16

2．母音字【前半】

　母音字は、初声を表す子音字の右または下に書きます。母音字は全部で21個あります。

ㅏ　ㅑ　ㅓ　ㅕ　ㅗ　ㅛ　ㅜ　ㅠ　ㅡ　ㅣ

ㅐ　ㅒ　ㅔ　ㅖ　ㅘ　ㅙ　ㅚ　ㅝ　ㅞ　ㅟ　ㅢ

まずこの内の赤色で示した8個から習います。

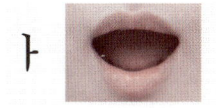

ㅏ　[a]　日本語の「ア」とほぼ同じ音。

ㅣ　[i]　日本語の「イ」よりも唇を横に引き隙間を狭くする。

ㅜ　[u]　日本語の「ウ」より唇をすぼめ、前に突き出す。

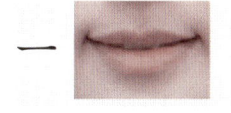

ㅡ　[ɯ]　ㅣと同じように唇を左右に引いて「ウ」と発音する。

ㅔ　[e]　日本語の「エ」よりも口をやや狭める。

ㅐ　[ɛ]　日本語「エ」よりも若干口を大きく開く。

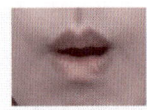

ㅗ　[o] 日本語の「オ」よりも唇を丸くすぼめる。

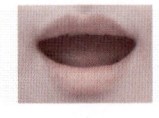

ㅓ　[ɔ] 日本語の「オ」よりも口を縦に開く。

　ハングルは必ず子音字と母音字を組み合わせて書きますが、初声の子音を伴わない場合には、「子音がゼロ」ということを表す字母「ㅇ」を初声の位置に書きます。この場合の「ㅇ」は、音がありませんが、子音字のひとつです。

아 이 우 으 에 애 오 어

縦長の字母ㅏ、ㅣ、ㅔ、ㅐ、ㅓは、子音字の右側に、
横長の字母ㅜ、ㅡ、ㅗは、子音字の下に書きます。

書き順をおしえてください。

①「ㅇ」は反時計回りに
②横の線は左から右へ
③縦の線は上から下へ

ㅇ → 으 → 어 → 에 → 에
ㅇ → 으 → 우 → 우

1課　ハングルの「あ・い・う・え・お」

コラム①

〜ハングル母音字の陰と陽〜

　ハングルの母音字は、円い天（太陽）を意味する「・」、平らな大地を表す「ー」、立っている人を表す「｜」が基本となって作られました。「・」は、その後短い棒に変化し、現在の形になっています。

　韓国・朝鮮では、ㅏとㅗを明るい響きの音と認識していて、**陽母音**と呼びます。太陽が東から昇り、真上にいる時間帯はとても明るいですね。
　例えば母音字のㅗは、大地の上に太陽が昇っている様子を表しています。

●天（太陽）が大地の上→陽

　また、母音字のㅏは、人の東側に太陽が出ている様子を表しています。

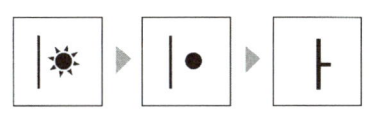

●天（太陽）が人の右（東）→陽

19

ハングルを作った人達は、この２つの**陽母音**を、このような文字で表現しました。

　一方、母音字のㅜは、大地の下に太陽が沈んでいる様子を表しています。

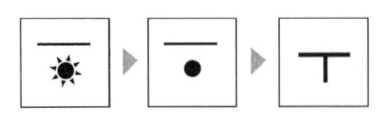

●天(太陽)が大地の下→陰

　また、母音字のㅓは、人の西側に太陽が沈みつつある様子を表しています。

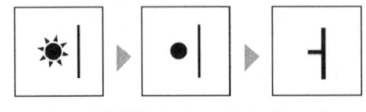

●天(太陽)が人の左(西)→陰

ㅜもㅓも**陰母音**と呼びます。

1課 ハングルの「あ・い・う・え・お」

2課 ハングルの「あ・か・さ・た・な」
◆子音字とその発音【前半】

　初声は、発音の仕方により鼻音、流音、平音、激音、濃音に分かれます。初声を表す子音字は、1課に出てきた「ㅇ」を含めて全部で19個です。

ㄱ ㄴ ㄷ ㄹ ㅁ ㅂ ㅅ ㅇ ㅈ ㅊ ㅋ ㅌ ㅍ ㅎ ㄲ ㄸ ㅃ ㅆ ㅉ

　2課ではこの内、鼻音、流音、平音の赤色で示した8個を習います。

1．鼻音

　鼻音とは、鼻から抜けて外に出る音です。

| ㄴ | [n] | 日本語のナ行の子音とほぼ同じ音 |
| ㅁ | [m] | 日本語のマ行の子音とほぼ同じ音 |

　ㄴをㅏと組み合わせて発音してみましょう。

✎ 나 [na]

　ㅁをㅏと組み合わせて発音してみましょう。

✎ 마 [ma]

2．流音

　流音は舌側音とも言います。

| ㄹ | [r] | 日本語のラ行の子音とほぼ同じ音 |

　ㄹをㅏと組み合わせて発音してみましょう。

✎ 라 [ra]

2課　ハングルの「あ・か・さ・た・な」

練習　次の単語を発音してみましょう。

①나[na]　わたし、僕
②우리[uri]　わたしたち
③노래[norɛ]　歌
④나라[nara]　国
⑤모레[more]　あさって
⑥머리[mɔri]　頭
⑦네[ne]　はい
⑧누나[nuːna]　（弟から見た）姉

発音記号にある[ː]は、なに？

▶[ː]は、母音を長く発音する記号です。現在では長音と短音をあまり区別せずに短音で発音する傾向がありますが、参考として長音符号を記しておきます。

3．平音

　平音を表す字母は5つあり、この内ㅅを除いたㄱ、ㄷ、ㅂ、ㅈの4つは、語頭（単語の先頭）では濁らず、語中（単語の先頭以外の位置）では普通濁ります。

ㄱ	語頭	[k]	日本語のカ行の子音とほぼ同じ音
	語中	[g]	日本語のガ行の子音とほぼ同じ音
ㄷ	語頭	[t]	日本語のタ、テ、トの子音とほぼ同じ音。디は「チ」ではなく「ティ」、두は「ツ」ではなく「トゥ」とほぼ同じ音
	語中	[d]	日本語のダ、デ、ドの子音とほぼ同じ音。디は「ヂ」ではなく「ディ」、두は「ヅ」ではなく「ドゥ」とほぼ同じ音
ㅂ	語頭	[p]	日本語のパ行の子音とほぼ同じ音
	語中	[b]	日本語のバ行の子音とほぼ同じ音
ㅅ		[s], [ʃ]	日本語のサ行の子音とほぼ同じ音。ただし시は「スィ」[si]ではなく「シ」[ʃi]
ㅈ	語頭	[tʃ]	日本語のチャ行の子音とほぼ同じ音
	語中	[dʒ]	日本語のジャ行の子音とほぼ同じ音

ㄱをㅏと組み合わせて発音してみましょう。

✍ 가[ka]

同様にㄷとㅏ、ㅂとㅏ、ㅅとㅏ、ㅈとㅏを組み合わせて発音してみましょう。

✍ 다[ta]　✍ 바[pa]　✍ 사[sa]　✍ 자[tʃa]

発音のポイント①:語頭と語中では音が違います。

▶次の二つの単語を見てください。

✍ **다리** 脚　　　✍ **바다** 海

　[tari]　　　　　　[pada]

다리の語頭にある「다」は「タ」と読みます。一方、바다の語中にある「다」は「ダ」と濁音で発音します。

次の単語を見てください。

✍ **구두** 靴　　　✍ **누구** 誰

　[kudu]　　　　　　[nugu]

✍ **바지** ズボン　✍ **아버지** お父さん

　[padʒi]　　　　　　[abɔdʒi]

24

2課　ハングルの「あ・か・さ・た・な」

✎ 주 週　　　　✎ 아주 とても
　[tʃu]　　　　　　　[adʒu]

　このように語中のㄱ、ㄷ、ㅂ、ㅈは濁音で発音します。平音のㄱ、ㄷ、ㅂ、ㅈが、語中で濁音で発音されることを**有声音化**と言います。ただし、ㅅは語中でも有声音化しません。

✎ 주스 ジュース　　✎ 다시 再び
　[tʃusɯ]　　　　　　[taʃi]

練習　次の単語を発音してみましょう。

① 구두 [kudu]　革靴　　② 누구 [nugu]　誰
③ 소리 [sori]　声　　　④ 자리 [tʃari]　席
⑤ 바지 [padʒi]　ズボン　⑥ 거기 [kɔgi]　そこ
⑦ 저기 [tʃɔgi]　あそこ　⑧ 아주 [adʒu]　とても
⑨ 어제 [ɔdʒe]　昨日　　⑩ 새 [sɛː]　鳥
⑪ 드라마 [turama]　ドラマ　⑫ 고기 [kogi]　肉

> ㄱは母音字の上に書く時と、左に書く時とでは形が少し違います！

고　기

25

3課 ハングルの「や・ゆ・よ・わ」
◆母音字とその発音【後半】

　母音字には、すでに習った8つの母音字の他に、13個の母音字があります。これらは、すでに習った母音字に一画をつけ加えたり、母音字同士を組み合わせたりしてできた文字です。

ㅏ　ㅑ　ㅓ　ㅕ　ㅗ　ㅛ　ㅜ　ㅠ　ㅡ　ㅣ

ㅐ　ㅒ　ㅔ　ㅖ　ㅘ　ㅙ　ㅚ　ㅝ　ㅞ　ㅟ　ㅢ

1．母音字＋一画

このグループの母音字の発音は半母音の[j]（イ）から始まります。

야 [ja] …日本語の「ヤ」とほぼ同じ音。

여 [jɔ] …日本語の「ヨ」より口を大きく開く。

요 [jo] …日本語の「ヨ」より唇をすぼめる。

유 [ju] …日本語の「ユ」より唇をすぼめる。

예 [je] …口をやや狭める「イェ」。

얘 [jɛ] …口をやや開く「イェ」。

なお、ㅖは「ㄴ、ㅅ、ㅇ」以外の子音字と組み合わさると、ㅔ[e]と発音さ

れることが多いです。

例：안녕히 계세요(さようなら)の発音は[안녕히게세요]

2．母音字＋母音字

このグループの母音字の発音は半母音[w]（ウ）から始まります。

오[o] ＋
- 아[a] ⇒ 와[wa]　日本語の「ワ」とほぼ同じ音
- 애[ɛ] ⇒ 왜[wɛ]　口をやや開けて「ウェ」
- 이[i] ⇒ 외[we]　口をやや狭めて「ウェ」

※오＋이は単純な足し算通りの音「オィ」とはなりません。

우[u] ＋
- 어[ɔ] ⇒ 워[wɔ]　口を大きく開いて「ウォ」
- 에[e] ⇒ 웨[we]　口をやや狭めて「ウェ」
- 이[i] ⇒ 위[wi]　「ウィ」

「ウェ」と聞こえる音が、왜と외と웨の３つあります。외と웨は本来別の音ですが、今は외と웨を同じ音で発音する人が多いです。

発音のポイント②：ㅅの発音

ㅅが１で習った６つの母音字(p24)やㅟと組み合わさると[s]ではなく[ʃ]と発音されます。(p21のㅅ参照)

3. 으+이

으[ɯ] + 이[i] ⇒ 의[ɯi]

唇を横に引いたまま으と이を続けて一気に「ウィ」と発音します。
ᅴは現れる位置によって3通りの発音があります。

①語頭では「ウィ」[ɯi]：
　　의자[ɯidʒa]　椅子
②語中や○以外の子音字の後では「イ」[i]：
　　주의[tʃuːi]　注意　　희다[hida]　白い
③「～の」の意味では「エ」[e]：(p62参照)
　　나의[nae]　私の

練習　次の単語を発音してみましょう。

①우유[uju]　漢牛乳　　　　②왜요？[wɛjo]　なぜですか？
③예[jeː]　はい　　　　　　④회사[hweːsa]　漢会社
⑤이야기[ijagi]　話　　　　⑥교과서[kjoːgwasɔ]　漢教科書
⑦여기[jɔgi]　ここ　　　　⑧뉴스[njusɯ]　ニュース
⑨돼지[twɛːdʒi]　豚　　　　⑩의사[ɯisa]　漢医者
⑪여자[jɔdʒa]〈女子〉　女　　⑫야구[jaːgu]　漢野球

～陽には陽を、陰には陰を～　　　　　　　コラム②

クイズです。次の①と②の内、正しい文字はどちらでしょうか？

「ワ」[wa]　　　　①와　②위

「ウォ」[wɔ]　　　①외　②워

　答えは、①와と②워です。1課でお話ししたように、母音には陽母音と陰母音があります。ハングルは、陽母音は陽母音と、陰母音は陰母音と同士結びつきます。ですから、陰母音の「ㅜ」が陽母音の「ㅏ」と、陽母音の「ㅗ」が陰母音の「ㅓ」と組み合わさることはないのです。ちなみに、「ㅣ」はハングルが作られた当初は中性母音とされました。中性母音は陰・陽どちらの母音とも組み合わさされます。

　　외 = ㅗ(陽) ＋ ㅣ(中)

　　위 = ㅜ(陰) ＋ ㅣ(中)

　　의 = ㅡ(陰) ＋ ㅣ(中)

4課 ハングルには「か」が3つ?!
◆子音字とその発音【後半】

ハングルには「가」「카」「까」という「か」に聞こえる音が3つあります。平音の「가」はすでに習いましたね。「카」は激音、「까」は濃音と言います。この課では激音と濃音を習います。

ㄱ ㄴ ㄷ ㄹ ㅁ ㅂ ㅅ ㅇ ㅈ ㅊ ㅋ ㅌ ㅍ ㅎ ㄲ ㄸ ㅃ ㅆ ㅉ

1. 激音

激音は強い「息」を伴う音です。ガラス窓を磨く時、ガラスに「はー」と息を吐きかけますね。その「はー」をここでは「息」と呼びます。息を強く出しながら発音するのが激音です。

ㅊ	[tʃʰ]	日本語のチャ行の子音に強い息を伴う音
ㅋ	[kʰ]	日本語のカ行の子音に強い息を伴う音
ㅌ	[tʰ]	日本語のタ行の子音に強い息を伴う音
ㅍ	[pʰ]	日本語のパ行の子音に強い息を伴う音
ㅎ	[h]	日本語のハ行の子音とほぼ同じ音

ㅊをㅏと組み合わせて発音してみましょう。

「チャ」を強い息を出しながら言ってみましょう。

차 [tʃʰa]

では、以下の激音も同じ要領で発音してみましょう。

카 [kʰa]   타 [tʰa]   파 [pʰa]

30

ㅎをㅏと組み合わせて発音してみましょう。
日本語の「ハ」と同じ要領で言ってみましょう。

✍ 하 [ha]

2．濃音

濃音はほとんど息を伴わず、喉を緊張させて出す音です。重い物を持ち上げる時、「んっ！」と力みますね。その時、喉の奥で何かがきゅっと閉まるのが感じられるはずです。その閉まる辺りをここでは「喉」と呼びます。喉を意識しながら発音するのが濃音です。

濃音は次の5つです。

ㄲ	[ʔk]	日本語のカ行の子音の前に「っ」をつけたような音
ㄸ	[ʔt]	日本語のタ行の子音の前に「っ」をつけたような音
ㅃ	[ʔp]	日本語のパ行の子音の前に「っ」をつけたような音
ㅆ	[ʔs]	日本語のサ行の子音の前に「っ」をつけたような音
ㅉ	[ʔtʃ]	日本語のチャ行の子音の前に「っ」をつけたような音

ㄲにㅏを組み合わせて発音してみましょう。
「まっか」というつもりで、「か」の直前で口の動きを止めてください。これが濃音の ㄲを発音する直前の口の中の状態です。次に喉と舌の奥に力を入れて、口の奥をはじいて「か」と言ってください。

✍ 까 [ʔka]

「まっか」の「っか」に似ています。では、以下の濃音も発音してみましょう。

喉と舌先に力を入れて「あった」の「った」のような感じで

✍ 따 [ʔta]

31

喉と唇に力を入れて「かっぱ」の「っぱ」のような感じで

빠 [ʔpa]

喉と舌先に力を入れて「とっさ」の「っさ」のような感じで

싸 [ʔsa]

喉と舌に力を入れて「まっちゃ」の「っちゃ」のような感じで

짜 [ʔtʃa]

練習1　平音・激音・濃音を発音してみましょう。

① 가, 카, 까　　　　　② 다, 타, 따
③ 바, 파, 빠　　　　　④ 사, 싸
⑤ 자, 차, 짜

練習2　次の単語を発音してみましょう。

① 차 [tʃʰa]　お茶、車　　　② 코 [kʰo]　鼻
③ 오빠 [oʔpa]　（妹から見た）お兄さん　④ 키 [kʰi]　背
⑤ 고추 [kotʃʰu]　唐辛子　　⑥ 기차 [kitʃʰa]　汽車、列車
⑦ 아파트 [apʰatʰɯ]　マンション　⑧ 싸다 [ʔsada]　安い
⑨ 쓰다 [ʔsɯda]　書く　　⑩ 아저씨 [adʒoʔʃi]　おじさん
⑪ 하나 [hana]　ひとつ　　⑫ 치마 [tʃʰima]　スカート
⑬ 커피 [kʰopʰi]　コーヒー　⑭ 스포츠 [sɯpʰotʃʰɯ]　スポーツ

4課　ハングルには「か」が３つ?!

コラム③

～子音字は発音器官をかたどって作られた～

　子音字は、5つの発音器官をかたどって作られました。
　19個の子音字は、その音を出す位置によって5つのグループに分けられます。

◇唇の音…ㅁ，ㅂ，ㅍ，ㅃ

　上下の唇を使って発音する音で、基本字のㅁは閉じた唇の形をかたどって作られました。ㅂ，ㅍ，ㅃはㅁから派生しました。

[顔のイラスト] ➡ ㅁ　ㅂ　ㅍ　ㅃ

◇舌の先の音…ㄴ，ㄷ，ㅌ，ㄸ，ㄹ

　舌の先を上の歯の裏と歯茎に付けて発音する音で、基本字のㄴは、歯と歯茎についた舌の形をかたどって作られました。ㄷ，ㅌ，ㄸと、舌先をㄴよりやや奥につけて発音するㄹも、ㄴから派生しました。

[口の断面イラスト] ➡ ㄴ　ㄷ　ㅌ　ㄸ　ㄹ

◇舌の奥の音…ㄱ，ㅋ，ㄲ

　舌の奥を口蓋につけて発音する音で、基本字ㄱは、この時の舌の形をかたどって作られました。ㅋ, ㄲはㄱから派生しました。

◇前歯の音…ㅅ，ㅆ，ㅈ，ㅊ，ㅉ

　前歯と舌先の間を息が通る時に出る音で、基本字ㅅは前歯の形をかたどって作られました。ㅆ,ㅈ,ㅊ,ㅉはㅅから派生しました。

◇のどの音…ㅇ，ㅎ

　音が無いことを表すㅇは、丸い喉の形をかたどって作られました。ㅎはㅇから派生しました。

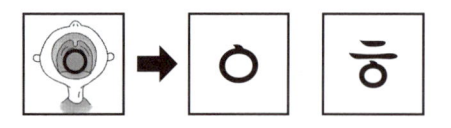

4課　ハングルには「か」が３つ?!

5課　ハングルの「っ」「ん」
◆パッチムと終声

　ハングルには右の図のように、組み合わせた子音字と母音字の下に子音字が付く文字があります。この下に付く子音字のことを**パッチム**（받침）と呼びます。パッチムとは「支え」「下敷」という意味です。

子音字	母音字
子音字	

子音字	
母音字
子音字

　終声とは、パッチムの発音のことです。パッチムは27個（p37の表参照）ありますが、その音である終声は7通りだけです。7つの音は、発音のしかたにより口音、鼻音、流音の3つに分けられます。

１．口音の終声（閉鎖音）…つまる音

　ㄱ [ᵏ] ▶舌の奥を軟口蓋（口の天井の奥）につけて呼気の流れを止める。

　아と組み合わせて악で練習してみましょう。「アック」と言うつもりで最後のクを発音しない音です。パッチムのㅋ、ㄲも同じ発音です。

　악

> この発音をハングルで表記する場合は、[ㄱ]と表記します。音声記号では[ᵏ]と表記します。

> 악も앜も앆も、発音は同じ[악][aᵏ]ですね！

5課　ハングルの「っ」「ん」

ㄷ [ᵗ] ▶舌先を上の歯と歯茎の裏側につけて呼気の流れを止める。

아と組み合わせて앋で練習してみましょう。「アット」と言うつもりで最後のトを発音しない音です。パッチムのㅌ、ㅅ、ㅆ、ㅈ、ㅊ、ㅎも同じ発音です。

안, 앝, 앗, 았, 앛, 앚, 앟
⇒ 発音はすべて［앋］［aᵗ］

ㅂ [ᵖ] ▶唇をしっかり閉じて呼気の流れを止める。

아と組み合わせて압で練習してみましょう。「アップ」と言うつもりで最後の「プ」を発音しない音です。「プ」を言う手前の、口を閉じた状態で止めます。パッチムのㅍも同じ発音です。

압, 앞 ⇒ 発音はすべて［압］［aᵖ］

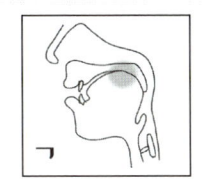

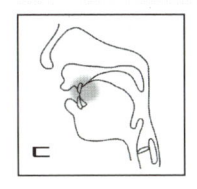

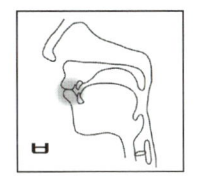

2. 鼻音の終声…鼻を通して外に出す音

ㄴ [n] ▶舌先を上の歯と歯茎の裏側につけて発音する「ん」の音。

아と組み合わせて「안」で練習してみましょう。「アンヌ」と言うつもりで最後のヌを発音しない音です。

안

37

ㅁ [m] ▶唇をしっかり閉じて発音する「ん」の音。

아と組み合わせて「암」で練習してみましょう。「アンマ」と言うつもりで最後のマを発音しない音です。

✍ 암

ㅇ [ŋ] ▶舌の奥を軟口蓋（口の天井の奥）につけて発音する「ん」の音。

「아」と組み合わせて「앙」で練習してみましょう。「アンガ」と言うつもりで最後のガを発音しない音です。「ア」を言った後、口は開きっぱなしで、舌先も動かしてはいけません。

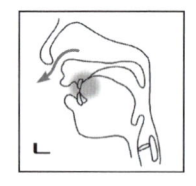

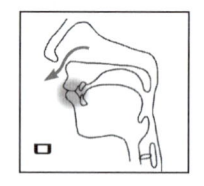

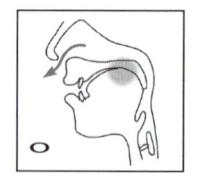

✍ 앙

3．流音の終声

ㄹ [l] ▶舌先を上の歯茎よりやや奥につけて、舌の両側から音を外に出す。

「아」と組み合わせて「알」で練習してみましょう。

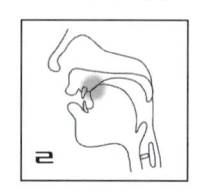

✍ 알

これで７つの終声を習いました。表記のしかた、つまりパッチムは次の課で学ぶものも含め27個ありますが、どれも７つの内のいずれかの音で発音されます。例えば、옷は옫と同じ発音になります。옷の発音を表記する時、

38

5課　ハングルの「っ」「ん」

[옫] と表記します。[ ] に入れることで、「옫という発音」という意味になります。

発音(終声)	呼び方	表記(パッチム)
[ㄱ] [ᵏ]	기역	ㄱ, ㅋ, ㄲ, ㄺ, ㄳ
[ㄷ] [ᵗ]	디귿	ㄷ, ㅌ, ㅅ, ㅆ, ㅈ, ㅊ, ㅎ
[ㅂ] [ᵖ]	비읍	ㅂ, ㅍ, ㅄ, ㄿ
[ㄴ] [n]	니은	ㄴ, ㄵ, ㄶ
[ㅁ] [m]	미음	ㅁ, ㄻ
[ㅇ] [ŋ]	이응	ㅇ
[ㄹ] [l]	리을	ㄹ, ㄼ*, ㄽ, ㄾ, ㅀ

*一部の単語では[ㅂ][ᵖ]と発音します。

※上記以外の子音字の呼び方
　ㅅ「시옷」、ㅈ「지읒」、ㅊ「치읓」、ㅋ「키읔」、ㅌ「티읕」、ㅍ「피읖」、ㅎ「히읗」、
　ㄲ「쌍기역」、ㄸ「쌍디귿」、ㅃ「쌍비읍」、ㅆ「쌍시옷」、ㅉ「쌍지읒」

練習1　次の単語の発音をハングルで表記したものはどれでしょう。

1) 끝　終わり　① [끋]　② [끅]　③ [끕]
2) 밖　外　① [받]　② [박]　③ [밥]
3) 앞　前　① [안]　② [악]　③ [압]
4) 꽃　花　① [꼳]　② [꼭]　③ [꼽]
5) 셋　3つ　① [센]　② [섹]　③ [셉]

練習2　次の単語を発音してみましょう。

①수업 [suɔᵖ]　授業
②사랑 [saraŋ]　愛
③김치 [kimtʃʰi]　キムチ
④말 [ma:l]　言葉
⑤책 [tʃʰɛᵏ]　本
⑥선생님 [sɔnsɛŋnim]　先生
⑦한국 [ha:nguᵏ]　韓国
⑧집 [tʃiᵖ]　家

かな文字のハングル表記

【かな】	【ハングル】	
	<語頭>	<語中>
あ　い　う　え　お	아　이　우　에　오	아　이　우　에　오
か　き　く　け　こ	가　기　구　게　고	카　키　쿠　케　코
さ　し　す　せ　そ	사　시　스　세　소	사　시　스　세　소
た　ち　つ　て　と	다　지　쓰　데　도	타　치　쓰　테　토
な　に　ぬ　ね　の	나　니　누　네　노	나　니　누　네　노
は　ひ　ふ　へ　ほ	하　히　후　헤　호	하　히　후　헤　호
ま　み　む　め　も	마　미　무　메　모	마　미　무　메　모
や　　　ゆ　　　よ	야　　　유　　　요	야　　　유　　　요
ら　り　る　れ　ろ	라　리　루　레　로	라　리　루　레　로
わ　　　　　　　を	와　　　　　　　오	와　　　　　　　오
が　ぎ　ぐ　げ　ご	가　기　구　게　고	가　기　구　게　고
ざ　じ　ず　ぜ　ぞ	자　지　즈　제　조	자　지　즈　제　조
だ　ぢ　づ　で　ど	다　지　즈　데　도	다　지　즈　데　도
ば　び　ぶ　べ　ぼ	바　비　부　베　보	바　비　부　베　보
ぱ　ぴ　ぷ　ぺ　ぽ	파　피　푸　페　포	파　피　푸　페　포
きゃ　きゅ　きょ	갸　　　규　　　교	캬　　　큐　　　쿄
しゃ　しゅ　しょ	샤　　　슈　　　쇼	샤　　　슈　　　쇼
ちゃ　ちゅ　ちょ	자　　　주　　　조	차　　　추　　　초
にゃ　にゅ　にょ	냐　　　뉴　　　뇨	냐　　　뉴　　　뇨
ひゃ　ひゅ　ひょ	햐　　　휴　　　효	햐　　　휴　　　효
みゃ　みゅ　みょ	먀　　　뮤　　　묘	먀　　　뮤　　　묘
りゃ　りゅ　りょ	랴　　　류　　　료	랴　　　류　　　료
ぎゃ　ぎゅ　ぎょ	갸　　　규　　　교	갸　　　규　　　교
じゃ　じゅ　じょ	자　　　주　　　조	자　　　주　　　조
びゃ　びゅ　びょ	뱌　　　뷰　　　뵤	뱌　　　뷰　　　뵤
ぴゃ　ぴゅ　ぴょ	퍄　　　퓨　　　표	퍄　　　퓨　　　표

撥音の「ん」と促音の「っ」はそれぞれパッチムのㄴ、ㅅで表す。
長母音は表記しない。タ行、ザ行、ダ行に注意。
※共和国との比較は巻末に掲載。

～かな文字のハングル表記～

コラム④

　かな文字をハングルで表す表記法は、左の表の通りです。以下の点に注意しましょう。

①あ段、い段、う段、え段、お段の母音字はㅏ, ㅣ, ㅜ, ㅔ, ㅗで書きます。
　　愛媛⇒에히메　　青森⇒아오모리

②ただし、「す」「つ」「ず」「づ」の母音字はㅜではなくーを使います。
　　舞鶴⇒마이즈루　　鈴木⇒스즈키

③語中の濁音は平音で書きます。
　　しまだ⇒시마다

④語中の清音は激音で書きます。
　　なかた⇒나카타

⑤濁音は語頭でも語中でも平音で書きます。
　　岐阜⇒기후

⑥「つ」は쓰と書きます。
　　松田⇒마쓰다

⑦長音は表記しません。
　　東京⇒도쿄　　大阪⇒오사카

⑧「っ」はパッチムㅅを使います。
　　鳥取⇒돗토리

⑨「ん」はパッチムㄴを使います。
　　仙台⇒센다이

⑩日本の人名は、苗字と名前を分かち書きします。
　　近藤りさ⇒곤도 리사

6課 タン＋オ＝タノ?!
◆連音化 ◆2字母からなるパッチムとその発音

1. 連音化

Q1 단어 （単語）はどう発音するでしょうか？

A1 [다너] と発音します。

단のパッチムㄴは、次の母音어とくっついて［너］と発音されます。

$$단 + 어 = [다너]$$

> 어の「ㅇ」は、初声が「ゼロ」「空っぽ」という意味ですよね。この空いたスペースに、前のㄴが移ってくると考えればいいですね？

> そうです。[다너]と発音しますが、表記はあくまでも단어ですよ。

Q2 では、한국어 （韓国語）はどう発音するでしょうか？

A2 [한구거] と発音します。

한국のパッチムㄱが어と合わさって［거］と発音されます。この時、平音の［거］は、語中にあるため、濁音で発音されます（2課の有声音化参照）。
このように、パッチムが次に来る母音と合わさって発音されることを**連音化**といいます。

42

6課　タン＋オ＝タノ?!

　連音化が起こるのは、ひとつの単語の中だけではありません。前後の単語を続けて発音する場合にも起こります。では、次の単語に「〜が」に当たる助詞-이をつけて発音してみましょう。

셋이 ⇒ [세시]　3つが　　　앞이 ⇒ [아피]　前が
밥이 ⇒ [바비]　ご飯が　　　꽃이 ⇒ [꼬치]　花が

　なお、パッチム「ㅇ」の後ろに母音が続くと、その母音は鼻にかかったような音になります。

사랑이　愛が　　　　　　강이　川が

練習1　次の単語を発音してみましょう。

①목요일[모교일]　木曜日　　②책이[채기]　本が
③할아버지[하라버지]　おじいさん　　④금요일[그묘일]　金曜日
⑤선생님이[선생니미]　先生が　　⑥십이[시비]　12
⑦수업이[수어비]　授業が　　⑧방이[방이]　部屋が

2. 2つの字母からなるパッチムの発音

Q3　값（値段）はどう発音するのでしょうか？

A3　[갑] と発音します。

　2つの異なる字母で表記されるパッチムが11個あります。字母は2つありますが、どちらか一方の字母を読みます。ほとんどの場合、左側の字母を読みますが、ㄺ、ㄻ、ㄿ は、基本的に右側を読みます。（5課p37の表参照）

값 ⇒ [갑] 値段　　　여덟 ⇒ [여덜] 八つ　　　닭 ⇒ [닥] 鶏

　ただし、パッチムの後ろに母音が来ると、左側が終声として発音され、右

側が連音化します。

🔊 닭이 ⇒ [달기] 鶏が　　🔊 읽어요 ⇒ [일거요] 読みます

また、同じ字母からなる ㅆ と ㄲ は一文字として扱います。

🔊 밖이 ⇒ [바끼] 外が　　🔊 있어요 ⇒ [이써요] あります

練習2　次の単語の発音を正しく表記したものはどれでしょう。

1) 닭　鶏　　　　　①[달]　　②[닥]　　③[닫]
2) 앉아요　座ります　①[아나요]　②[아자요]　③[안자요]

～辞書の引き方～　コラム⑤

韓国と日本で出版されている辞書の見出し語の配列順序は、次の通りです。

〇初声：19個の子音字

「가나다라마바사　아자차카타파하」(カナタラマバサ　アジャチャカタパハ)と覚えておくと便利です。濃音は、同類の平音の直後に位置します。

ㄱ→ㄲ→ㄴ→ㄷ→ㄸ→ㄹ→ㅁ→ㅂ→ㅃ→ㅅ→ㅆ→ㅇ→ㅈ→
ㅉ→ㅊ→ㅋ→ㅌ→ㅍ→ㅎ

例えば、ㄱで始まる単語はㄴで始まる単語より順番が先です。
　　先　가방(かばん)　　後　나무(木)

〇中声：21個の母音字

「아야 어여 오요 우유 으이」と覚えておくと便利です。この10個の母音字を基本母音字と呼びますが、残りはその字母に画が加わったものです。

ㅏ→ㅐ→ㅑ→ㅒ→ㅓ→ㅔ→ㅕ→ㅖ→ㅗ→ㅘ→ㅙ→ㅚ→ㅛ→
ㅜ→ㅝ→ㅞ→ㅟ→ㅠ→ㅡ→ㅢ→ㅣ

例えば、初声が同じ単語同士の場合、中声の順番で配列順が決まります。
　　先　나라(国)　　　後　노트(ノート)

○終声：27種類のパッチムの配列順は初声の配列順が基になっています。

ㄱ→ㄲ→ㄳ→ㄴ→ㄵ→ㄶ→ㄷ→ㄹ→ㄺ→ㄻ→ㄼ→ㄽ→ㄾ→ㄿ→
ㅀ→ㅁ→ㅂ→ㅄ→ㅅ→ㅆ→ㅇ→ㅈ→ㅊ→ㅋ→ㅌ→ㅍ→ㅎ

例えば、初声も中声も同じ単語同士の場合、終声の順番で配列順が決まります。
　　先　남자(男)　　　後　낮(昼)

電子辞書とパソコンのキーボードのキーの配列は次の通りです。
濃音とㅐとㅔは、シフトキーを押しながら入力します。
初声→中声→終声の順番でキーを押します。

パソコンの2ボル式キーボード表

共和国の辞書の配列順序は次の通りです。
○初声：ㄱ→ㄴ→ㄷ→ㄹ→ㅁ→ㅂ→ㅅ→ㅈ→ㅊ→ㅋ→ㅌ→ㅍ→ㅎ→ㄲ→ㄸ→
　　　　ㅃ→ㅆ→ㅉ→ㅇ
○中声：ㅏ→ㅑ→ㅓ→ㅕ→ㅗ→ㅛ→ㅜ→ㅠ→ㅡ→ㅣ→ㅐ→ㅒ→ㅔ→ㅖ→
　　　　ㅚ→ㅟ→ㅢ→ㅘ→ㅝ→ㅙ→ㅞ
○終声：ㄱ→ㄳ→ㄴ→ㄵ→ㄶ→ㄷ→ㄹ→ㄺ→ㄻ→ㄼ→ㄽ→ㄾ→ㄿ→ㅀ→
　　　　ㅁ→ㅂ→ㅄ→ㅅ→ㅇ→ㅈ→ㅊ→ㅋ→ㅌ→ㅍ→ㅎ→ㄲ→ㅆ

7課 アンニョンハシムニカ？・アンニョンハセヨ？
◆色々なあいさつ◆합니다体と해요体◆합니다体の鼻音化

１．出会いのあいさつ

「こんにちは」「おはようございます」「こんばんは」「お元気ですか」という意味のあいさつは안녕하십니까？と안녕하세요？です。안녕は漢字で〈安寧〉と書き、「無事・平安」という意味で、하십니까？と하세요？が「～でいらっしゃいますか」という意味です。このあいさつは一日中どの時間帯でも使えます。では、使われている場面を見てみましょう。

～夜、テレビのニュースで～

✎ 여러분, 안녕하십니까?　　みなさん、こんばんは。
　　ヨ ロブン　アンニョンハシムニカ

～朝、ご近所さんと道で～

✎ 主婦１：안녕하세요?　　おはようございます。
　　　　　　アンニョンハセヨ

✎ 主婦２：네, 안녕하세요?　　おはようございます。
　　　　　　ネ　アンニョンハセヨ

　안녕하십니까？と안녕하세요？は同じ意味ですが、語尾のところが異なります。これは文体の違いです。どちらも丁寧な文体です。日本語に「です・ます体」と呼ばれる丁寧な文体があるように、韓国・朝鮮語にも**합니다**体、
해요体と呼ばれる丁寧体があります。本書で扱うのは、この２つの丁寧な文体です。

46

7課　アンニョンハシムニカ？・アンニョンハセヨ？

안녕하십니까？　⇒　합니다体（ハムニダ）

안녕하세요？　⇒　해요体（ヘヨ）

　합니다体は、フォーマルな改まった感じ、かしこまった感じの文体で、社会人の男性が公的な場で用いることが多いです。特にビジネスの場や軍隊で目上の人に対して用いられることが多いです。また、演説、案内放送、作文など、不特定多数の聞き手、読み手がいる時にも使われます。

　해요体は、柔らかい語感で、相手に親しみを込めて話す時によく用いられます。

> 発音のポイント③：안녕하십니까？の십

　안녕하십니까？の십は［심］と発音します。「シム」という２音ではないので、mの後ろにuという母音を入れないように気をつけてください。

2. 別れのあいさつ

〜訪問先の会社を去る時〜

去る人：안녕히 계십시오．（アンニョンヒ ケシプシオ）

見送る人：안녕히 가십시오．（アンニョンヒ カシプシオ）

　これは２つとも합니다体です。オフィシャルな感じがします。안녕히 계십시오は、「元気でいてください」という意味で、その場にとどまる人に対して言う「さようなら」です。（계の発音はp25参照）

　안녕히 가십시오は「元気でお行きください」という意味で、去る人に対して言う「さようなら」です。

47

～買い物を終え、店主に声をかける～

✎　　客　：안녕히 계세요.
　　　　　　アンニョンヒ　ケ　セ　ヨ

✎　　店主：안녕히 가세요.
　　　　　　アンニョンヒ　カ　セ　ヨ

これは二つとも해요体です。해요体の特徴は、文末が-요で終わっていることです。

～道で会った主婦同士が別れる時～

✎　　主婦1：안녕히 가세요.
　　　　　　　アンニョンヒ　カ　セ　ヨ

✎　　主婦2：안녕히 가세요.
　　　　　　　アンニョンヒ　カ　セ　ヨ

この二つも해요体です。互いにその場を去る場合は、両者とも안녕히 가세요や、안녕히 가십시오と言います。

3．感謝の言葉

✎　　감사합니다.（합니다体）
　　　カムサハムニダ

✎　　고맙습니다.（합니다体）
　　　コマプスムニダ

✎　　고마워요.（해요体）
　　　コマウォヨ

どれも「ありがとうございます」という意味です。감사합니다の해요体である감사해요という形もありますが、改まった度合いが強い감사하다という言葉は、합니다体で使うのが基本です。

4. 謝罪の言葉

- 죄송합니다.（합니다体）　　죄송해요.（해요体）
  （チェソンハムニダ）　　　　（チェソンヘヨ）
- 미안합니다.（합니다体）　　미안해요.（해요体）
  （ミアナムニダ）　　　　　　（ミアネヨ）

　上の二つは「申し訳ございません」に近く、下の二つは、「すみません」に近い謝罪の言葉です。目上の人に使う言葉の죄송합니다は、합니다体で使うのが基本です。この４つの中で最も軽い謝罪は미안해요です。

発音の変化① 합니다体の鼻音化

　音声ペンで音声を聞いた方は、안녕하십니까？の십、감사합니다の함、고맙습니다の습がそれぞれ［심］［함］［슴］と発音されることに気づいたと思います。終声のㅂ［ᵖ］は、直後にㄴやㅁが来ると、鼻音である［ㅁ］の音で発音されます。これを**鼻音化**と言います。

- 감사합니다 ⇒ ［감사함니다］

　鼻音化については30課で詳しく習います。今はこの発音を丸ごと覚えてください。ハン検５級の出題範囲は、この합니다体の鼻音化のみです。

ハングル練習帳

基本の母音字・子音字を筆順通りに書いてみましょう。
線は上から下、左から右へ。○は時計廻りと逆方向へ。

◇基本の母音字（10個）

ㅏ	ㅏ	ㅏ	ㅏ	ㅏ	ㅏ	
ㅑ	ㅑ	ㅑ	ㅑ	ㅑ	ㅑ	
ㅓ	ㅓ	ㅓ	ㅓ	ㅓ	ㅓ	
ㅕ	ㅕ	ㅕ	ㅕ	ㅕ	ㅕ	
ㅗ	ㅗ	ㅗ	ㅗ	ㅗ	ㅗ	
ㅛ	ㅛ	ㅛ	ㅛ	ㅛ	ㅛ	
ㅜ	ㅜ	ㅜ	ㅜ	ㅜ	ㅜ	
ㅠ	ㅠ	ㅠ	ㅠ	ㅠ	ㅠ	
ㅡ	ㅡ	ㅡ	ㅡ	ㅡ	ㅡ	
ㅣ	ㅣ	ㅣ	ㅣ	ㅣ	ㅣ	

ハングル練習帳

◇基本の子音字（14個）：母音字と子音字を組み合わせて、ひとつの文字になります。

가	가	가	가	가	가	
나	나	나	나	나	나	
다	다	다	다	다	다	
라	라	라	라	라	라	
마	마	마	마	마	마	
바	바	바	바	바	바	
사	사	사	사	사	사	
아	아	아	아	아	아	
자	자	자	자	자	자	
차	차	차	차	차	차	
카	카	카	카	카	카	
타	타	타	타	타	타	
파	파	파	파	파	파	
하	하	하	하	하	하	

51

◇濃音は、基本の子音字を２つ並べて書きます。

까	까	까	까	까	까	
따	따	따	따	따	따	
빠	빠	빠	빠	빠	빠	
싸	싸	싸	싸	싸	싸	
짜	짜	짜	짜	짜	짜	

◇次の単語を書いてみましょう。

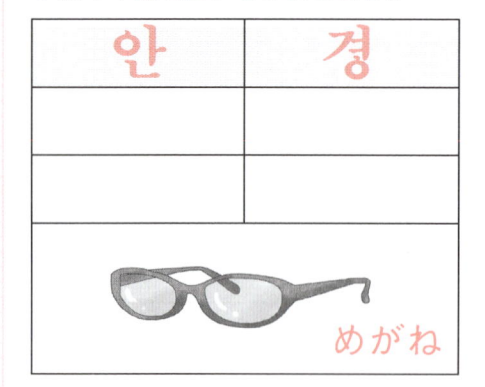

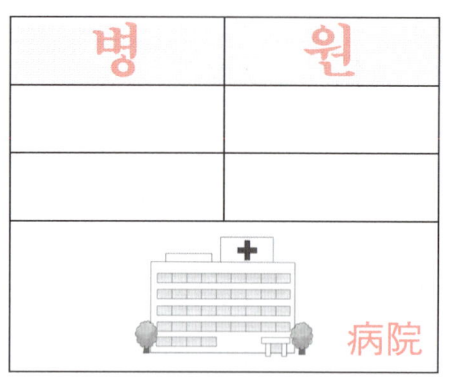

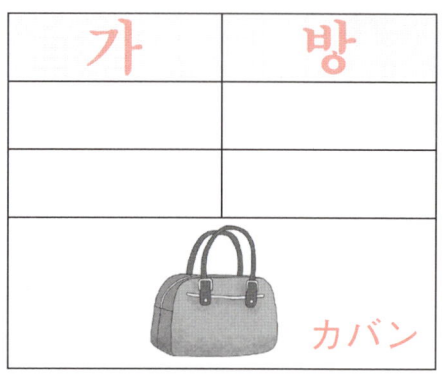

안	경
めがね	

병	원
病院	

아	이
こども	

가	방
カバン	

52

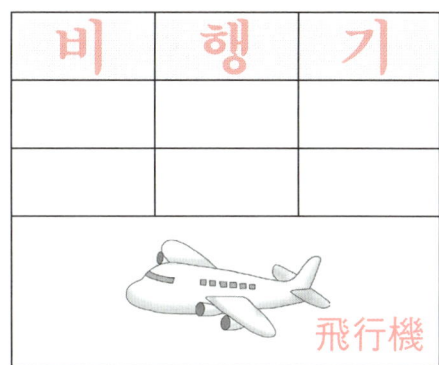

ハングル練習帳

소	리

声

노	래

歌

고	양	이

ネコ

비	행	기

飛行機

지	도

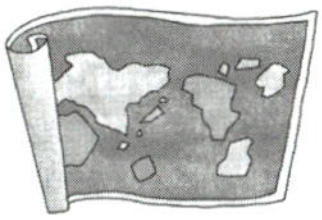

地図
※4級語彙

피	아	노

ピアノ
※3級語彙

53

8課「趣味は料理です」

　ゆり子さんは韓国語教室に通うことにしました。最初の授業の日、ゆり子さんは受講生全員の前で自己紹介をすることになりました。

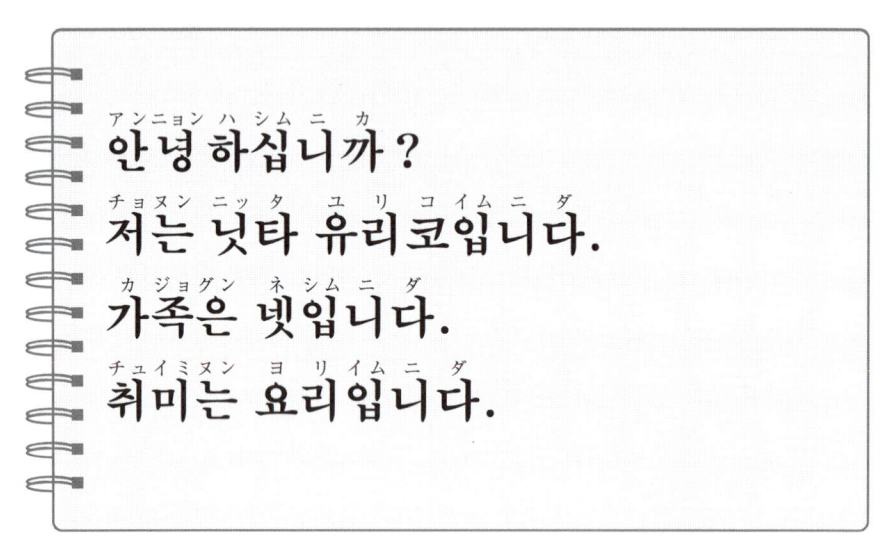

안녕하십니까?
アンニョン ハ シ ム ニ カ

저는 닛타 유리코입니다.
チョヌン ニッタ ユ リ コ イ ム ニ ダ

가족은 넷입니다.
カ ジョグン ネ シ ム ニ ダ

취미는 요리입니다.
チュイミヌン ヨ リ イ ム ニ ダ

【本文の訳】
こんにちは。
私は新田ゆり子です。
家族は4人です。
趣味は料理です。

8課 「趣味は料理です」

【語　句】
①저　わたし、わたくし
②-는　～は
③-입니다　～です　[辞]이다
④가족　[漢]家族
⑤-은　～は
⑥넷　4人、4つ
⑦취미　[漢]趣味
⑧요리　[漢]料理

1．-는／-은　「～は」

　日本語の「～は」にあたる助詞には-는と-은の2つがあります。저や취미のように母音で終わる単語には-는がつき、가족のように子音で終わる単語には-은がつきます。

母音で終わる単語の場合

취미 ＋ 는 ⇒ 취미는　趣味は

子音で終わる単語の場合

가족 ＋ 은 ⇒ 가족은　家族は

　가족の単語末の終声ㄱに-은が続く時、連音化が起きます。同時に有声音化も起き、가족은は[가조근]（カジョグン）と発音されます。

2．-입니다／-입니까？　「～です」／「～ですか？」

　「～です」に当たるのが、-입니다です。辞書形（辞書に載っている形）は이다（「～だ、～である」に当たる）です。疑問形の「～ですか？」は、-입니까？と言います。-입니다と-입니까？は、이다の합니다体です。終声のㅂは、鼻音ㄴの前ではㅁの音に変わるため、-입니다は[임니다]、-입니까？は[임니까]と発音されます（第7課参照）。

　また、-입니다が子声で終わる単語に接続する時は、連音化が起きます。例えば넷입니다（4人です）は、[네심니다]と発音されます。

55

3．分かち書き

　韓国・朝鮮語は、単語ごとに離して書きます。これを**分かち書き**と言います。切れ目となる単位は、日本語の「文節」に近い単位です。-는／-은のような助詞や-입니다／-입니까？は、前の単語につけて書きます。

취미는 요리입니다.

【単語帳】　〜家族編〜

①아버지　お父さん　　　　②어머니　お母さん
③남편〈男便〉　夫　　　　　④아내　妻
⑤아들　息子　　　　　　　⑥딸　娘
⑦할아버지　おじいさん、祖父　⑧할머니　おばあさん、祖母
⑨형〈兄〉　（男性から見た）兄　⑩오빠　（女性から見た）兄
⑪누나　（男性から見た）姉　　⑫언니　（女性から見た）姉
⑬남동생〈男同生〉　弟　　　⑭여동생〈女同生〉　妹

練習問題

1．（　）の中に-는と-은の内、適切なものを入れてみましょう。

1）私たちは　우리（　　）　　2）これは　　이것（　　）
3）野球は　　야구（　　）　　4）ここは　　여기（　　）
5）我が家は　우리 집（　　）　6）手紙は　　편지（　　）
7）医者は　　의사（　　）　　8）ソウルは　서울（　　）
9）日本は　　일본（　　）　　10）韓国は　　한국（　　）

２．次の文を訳してみましょう。

１）我が家はここです。

　　―――――――――――――――――――

２）ここは韓国です。

　　―――――――――――――――――――

３）これは手紙です。

　　―――――――――――――――――――

４）息子は医者です。

　　―――――――――――――――――――

５）趣味は野球です。

　　―――――――――――――――――――

9課 「韓国に友達がいます」

ゆり子さんに続き、今度は茂さんが自己紹介をすることになりました。

만나서 반갑습니다.
<small>マンナソ パンガプスムニダ</small>

스가이 시게루라고 합니다.
<small>スガイ シゲルラゴ ハムニダ</small>

도쿄에 삽니다.
<small>トキョエ サムニダ</small>

한국에 친구가 있습니다.
<small>ハングゲ チングガ イッスムニダ</small>

잘 부탁합니다.
<small>チャル プタッカムニダ</small>

【本文の訳】
お会いできてうれしいです。
菅井茂と申します。
東京に住んでいます。
韓国に友達がいます。
よろしくお願いします。

9課 「韓国に友達がいます」

【語 句】

① 만나서 반갑습니다　お会いできてうれしいです
② -라고 합니다　〜と申します、〜と言います
③ -에　〜に　　　　　　　④ 삽니다　住んでいます　[辞] 살다
⑤ 한국　[漢] 韓国　　　　⑥ 친구〈親旧〉　友達、友人
⑦ -가　〜が
⑧ 있습니다[이씀-]　います　[辞] 있다
⑨ 잘　よく、うまく、よろしく、上手に
⑩ 부탁합니다[-타캄-]〈付託-〉　お願いします、頼みます　[辞] 부탁하다

◆語句の説明･･
①만나서はしばしば省略されます。반갑습니다 [-씀-] [辞]반갑다　初対面の相手には 처음 뵙겠습니다(はじめまして)とも言います。②합니다 [辞]하다
⑨・⑩'잘 부탁드리겠습니다'とも言います。

1．-라고/-이라고　「〜と」

「〜と言います」と引用する時の「〜と」に当たります。시게루のように母音で終わる単語には-라고がつき、나영のように子音で終わる単語には-이라고がつきます。

　母音で終わる単語の場合
　　시게루＋라고 ⇒ 시게루라고　茂と

　子音で終わる単語の場合
　　나영＋이라고 ⇒ 나영이라고　ナヨンと

2．用言の種類

　用言には、動詞、形容詞、指定詞、存在詞の4つがあります。辞書に載っている形を「辞書形」または「原形」「基本形」などと呼びます。

59

動詞：하다(する、言う)、먹다(食べる)、살다(住む)など
形容詞：싸다(安い)、고맙다(ありがたい)、길다(長い)など
指定詞：이다(である)、아니다(違う)の2語のみ
存在詞：있다(ある、いる)、없다(ない、いない)など
ご覧の通り、用言の辞書形は全て「-다」で終わっています。

３．합니다体の現在形の作り方

　辞書形の最後の-다を**語尾**と言います。-다より前の部分を**語幹**と言います。語幹は、いわば用言の本体と言え、そこに様々な語尾が接続します。語幹は次の三つに分類されます。

　　　　하다　　　　　　**반갑다**　　　　　　**살다**
　　　母音語幹　　　　　子音語幹　　　　　ㄹ語幹

　하다は、語幹하の最後が母音字ㅏで終わっています。このような語幹を母音語幹と呼びます。母音語幹の합니다体には-ㅂ니다がつきます。
　疑問文の場合は-ㅂ니까？がつきます。

　하다　する　　하 ＋ ㅂ니다　⇒　합니다　します
　이다　～だ　　이 ＋ ㅂ니다　⇒　입니다　～です

　반갑다のように語幹がㄹ以外の子音で終わっている場合は、語幹に-습니다/-습니까？がつきます。

　반갑다　うれしい　반갑 ＋ 습니다　⇒　반갑습니다　うれしいです
　있다　　いる　　　있 ＋ 습니다　⇒　있습니다　　います

　살다のように語幹がㄹで終わる用言をㄹ**語幹用言**と言います。ㄹ語幹用言の합니다体は、まずㄹを脱落させてから-ㅂ니다/-ㅂ니까？をつけます。

　살다　住む　　살－ㄹ ＋ ㅂ니다　⇒　삽니다　住みます

　なお、動詞の場合、上記の現在形で「～します」と「～しています」の両方の

9課 「韓国に友達がいます」

意味を持ちます。

　　　매일 공부합니다.　毎日勉強します。
　　　지금 공부합니다.　今、勉強しています。

練習問題

1. 次の名前を入れて「〜と申します」と言う時、名前の後に来るものを-라고と-이라고の内から選びましょう。

1）김주혁（　　　）합니다.　　2）장민아（　　　）합니다.
3）이민철（　　　）합니다.　　4）박철수（　　　）합니다.
5）차승준（　　　）합니다.　　6）정윤정（　　　）합니다.

2. 次の用言を합니다体の現在形に書き換えましょう。

例　가다　行く　　　　　　　　　　갑니다　行きます
1）만나다　会う　　　　　　　　　_____
2）감사하다　ありがたい、感謝する　_____
3）싸다　安い　　　　　　　　　　_____
4）고맙다　ありがたい　　　　　　_____
5）죄송하다　申し訳ない　　　　　_____
6）놀다　遊ぶ　　　　　　　　　　_____
7）길다　長い　　　　　　　　　　_____
8）만들다　作る　　　　　　　　　_____
9）먹다　食べる　　　　　　　　　_____
10）이다　〜である　　　　　　　_____

10課「夫は韓国人です」

ある「日韓交流会」での一場面です。チンスさんとゆり子さんが知り合いました。

진　수：저는 박진수예요.
　　　　　　チョヌン　パクチンス　エヨ
　　　　대학생이에요.
　　　　　テハクセンイエヨ

유리코：닛타 유리코예요.
　　　　　ニッタ　ユリコエヨ
　　　　저는 남편이 한국사람이에요.
　　　　　チョヌン　ナムピョニ　ハングクサラミエヨ

진　수：그래요?
　　　　　クレヨ
　　　　저는 여자 친구가 일본사람이에요.
　　　　　チョヌン　ヨジャ　チングガ　イルボンサラミエヨ

【本文の訳】

チンス：私はパク・チンスです。
　　　　大学生です。

ゆり子：新田ゆり子です。
　　　　私は夫が韓国人です。

チンス：そうですか。
　　　　私はガールフレンドが日本人です。

10課 「夫は韓国人です」

【語 句】

① -예요　～です　辞 이다
② 대학생[-쌩]　漢 大学生
③ -이에요　～です　辞 이다
④ 남편〈男便〉　夫
⑤ 한국사람[-싸-]〈韓国-〉　韓国人
⑥ 그래요？　そうですか　辞 그렇다
⑦ 여자 친구〈女子親旧〉　ガールフレンド、彼女
⑧ 일본사람[-싸-]〈日本-〉　日本人

発音の変化② 濃音化について学びましょう

　口音（閉鎖音）の終声［ㅂᵖ］［ㄷᵗ］［ㄱᵏ］の直後に来る平音は、有声音化せずに濃音で発音されます。例えば한국は、口音の終声［ㄱᵏ］で終わります。この後に平音のㅅで始まる사람（人）が続くと、사람は［싸람］と発音されます。

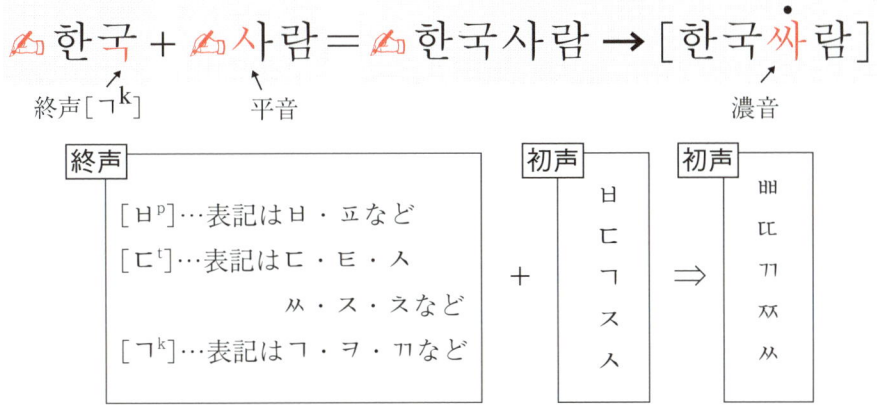

한국 + 사람 ＝ 한국사람 → ［한국싸람］
終声［ㄱᵏ］　平音　　　　　　　　　　　濃音

終声	初声	初声
［ㅂᵖ］…表記はㅂ・ㅍなど ［ㄷᵗ］…表記はㄷ・ㅌ・ㅅ・ㅆ・ㅈ・ㅊなど ［ㄱᵏ］…表記はㄱ・ㅋ・ㄲなど	＋ ㅂ ㄷ ㄱ ㅈ ㅅ	⇒ ㅃ ㄸ ㄲ ㅉ ㅆ

またㅎ［ㄷᵗ］の直後に来るㅅもㅆと発音されます。

このように、平音が濃音で発音されることを**濃音化**と言います。

국밥［국빱］　クッパ　　　　찾다［찯따］　探す
없다［업따］　ない、いない　학교［학꾜］　学校
박진수［박찐수］　パク・チンス

한국사람의 사람の前に、「ク」という音が聞こえますが…。

終声[ㄱᵏ]は、直後にㅅが来ると、「ク」のように聞こえます。終声[ㅂᵖ]も、直後にㅅが来ると、「プ」のように聞こえますよ。

🔊한국사람　　🔊고맙습니다

1．-가／-이　「〜が」

日本語の「〜が」にあたる助詞には-가と-이の２つがあります。친구のように母音で終わる単語には-가がつき、남편のように子音で終わる単語には-이がつきます。

친구＋가 → 친구가　友達が
남편＋이 → 남편이　夫が

남편の終声ㄴに-이が続く時に、連音化が起き、남편이は[남펴니]と発音されます。

2．-예요／-이에요　「〜です」

「〜です」に当たる言い方は、-입니다の他に、-예요と-이에요があります。これは이다（〜である）の해요体です。친구のように母音で終わる単語には-예요がつきます。-예요は[에요]と発音されることが多いです。사람のように子音で終わる単語には-이에요がつき、連音化が起きます。

친구＋예요　→친구예요[친구에요]　友達です
사람＋이에요→사람이에요[사라미에요]　人です

10課 「夫は韓国人です」

練習問題

1. 次の単語を発音してみましょう。

1) 숙제[숙쩨]　宿題
2) 먹습니다[먹씀니다]　食べます
3) 있다[읻따]　ある、いる
4) 어젯밤[어젣빰]　昨晩
5) 십구[십꾸]　19
6) 반갑습니다[반갑씀니다]　（お会いできて）うれしいです

2. 次の文を、-가/-이と-예요/-이에요を使って訳してみましょう。

1) ここが我が家です。

　　여기(　　)　우리 집(　　　　).

2) 私は野球が趣味です。

　　저는 야구(　　)　취미(　　　　).

3) これが問題です。

　　이것(　　)　문제(　　　　).

4) 息子が大学生です。

　　아들(　　)　대학생(　　　　).

65

11課「韓国語を勉強しています」

　韓国語の勉強を始めたゆかさん。知り合いの韓国人留学生ミンギュさんに韓国語で話しかけました。

유카 : 저는 지금 한국어를 공부해요.

민규 : 그래요?

유카 : 네, 학교에서 공부해요.

민규 : 그런데 왜 한국어 공부를 해요?

유카 : 저는 한국의 음식을 좋아해요.
　　　 그래서 한국어도 공부해요.

【本文の訳】
ゆ　　か：私は今、韓国語を勉強しています。
ミンギュ：そうですか。
ゆ　　か：ええ、学校で勉強しています。
ミンギュ：ところでどうして韓国語の勉強を
　　　　　しているのですか？
ゆ　　か：私は韓国の食べ物が好きです。
　　　　　それで韓国語も勉強しています。

66

11課 「韓国語を勉強しています」

【語　句】
① 지금〈只今〉　今
② 한국어　㊊韓国語
③ -를　～を
④ 공부해요〈工夫-〉　勉強しています、勉強します　㊥공부하다
⑤ 네　はい
⑥ 학교　㊊学校
⑦ -에서　～で
⑧ 그런데　ところで
⑨ 왜　どうして、なぜ
⑩ 공부〈工夫〉　勉強
⑪ 해요?　していますか?、しますか?　㊥하다
⑫ -의　～の
⑬ 음식〈飲食〉　食べ物
⑭ -을　～を
⑮ 좋아해요[조아해요]　好みます、好きです　㊥좋아하다[조아하다]
⑯ 그래서　それで、そのため*4級
⑰ -도　～も

1．-를／-을　「～を」

日本語の「～を」にあたる助詞には-를と-을の２つがあります。한국어や공부のように母音で終わる単語には-를がつき、음식のように子音で終わる単語には-을がつきます。

공부 + 를 ⇒ 공부를　勉強を

음식 + 을 ⇒ 음식을　食べ物を

음식の終声ㄱに을が続くと、連音化と有声音化が起き、음식을[음시글](ウムシグル)と発音されます。

2．-의　「～の」

日本語の「～の」にあたる助詞は-의です。しかし、日本語の「～の」とは異なり、よく省かれます。例えば、「韓国語の勉強」と言う場合は、한국어 공부のように한국어と공부の単語を並べて言います。書く時は、한국어と공부

67

を分かち書きします。特に、前後の単語の結合が強い場合や話し言葉では、-의を使わない傾向が強いです。

> 発音のポイント④：
> 助詞-의は普通、[에]と発音されます。

3. 하다用言とその해요体

辞書形이하다で終わる用言を**하다用言**（ハダようげん）と言います。하다用言には動詞と形容詞があります。その中には名詞に하다がついた〈名詞+하다〉タイプがありますが、名詞と하다を分離してその間に助詞や副詞などを入れることができます。

공부합니다 ⇒ 공부를 합니다　勉強をします
공부해요　 ⇒ 공부도 해요　　 勉強もします

하다用言の해요体は、〜해요となります。해요体は、文末のイントネーションを上げると、疑問形になります。

練習問題

1. 次の用言を합니다体と해요体に書き換えましょう。

例　일하다　仕事する　　　일합니다　　　　일해요

1) 사랑하다　愛する　　　＿＿＿＿＿＿　　＿＿＿＿＿＿
2) 운동하다　運動する　　＿＿＿＿＿＿　　＿＿＿＿＿＿
3) 식사하다　食事する　　＿＿＿＿＿＿　　＿＿＿＿＿＿

11課 「韓国語を勉強しています」

4) 여행하다　旅行する　_____　_____
5) 죄송하다　申し訳ない　_____　_____

2. 次の文を-를/-을と하다用言を使って訳してみましょう。

1) 勉強が好きですか？

　　공부（　　）（　　　　　　）？

2) 学校で運動をします。

　　학교에서 운동（　　　）（　　　　　　）.

3) 私はガールフレンドを愛しています。

　　나는 여자 친구（　　　）（　　　　　　）.

4) 本当に申し訳ありません。

　　정말（　　　　　　）.

3. (　)の中に入れるのに適切なものを①〜④の中から1つ選びましょう。

　　저녁 몇 시에 (　　　　　) ?
　　夕方何時に電話しますか？

　　①전화하요　　　　　　　②전화핪니까
　　③전화하습니까　　　　　④전화해요

69

12課 「日曜日は大丈夫です」

ユノさんとナヨンさんは社会人サークルの仲間です。ユノさんはナヨンさんにいつ会えるか聞きました。

윤호 : 이번 주 토요일 어때요?
나영 : 미안해요.
　　　 이번 주는 토요일도 회사에 가요.
윤호 : 그러면 무슨 요일이 좋아요?
나영 : 일요일은 괜찮아요.

【本文の訳】
ユ　ノ：今週の土曜日、どうですか？
ナヨン：ごめんなさい。
　　　　今週は土曜日も会社に行きます。
ユ　ノ：では、何曜日がいいですか？
ナヨン：日曜日は大丈夫です。

12課 「日曜日は大丈夫です」

【語 句】
①이번 주[-쭈]〈-番 週〉　今週　　　②토요일　漢土曜日
③어때요？　どうですか？　辞어떻다
④미안해요〈未安-〉　すみません、ごめんなさい　辞미안하다
⑤회사　漢会社　　　　　　　⑥가요　行きます　辞가다
⑦그러면　それでは　　　　　⑧무슨　何、何の
⑨요일　漢曜日　　　　　　　⑩좋아요　いいです　辞좋다
⑪일요일　漢日曜日
⑫괜찮아요　大丈夫です　辞괜찮다

発音の変化③　ㅎの脱落と弱化

①パッチムㅎの後に母音が来る時、ㅎは発音されません。

좋아요　⇒　[조아요]
괜찮아요　⇒　[괜차나요]

②終声ㄴ、ㄹ、ㅁ、ㅇの次のㅎは弱く発音されやすく、聞こえないこともあります。

미안해요　⇒　[미안해요]～[미아내요]
일해요　⇒　[일해요]～[이래요]

発音のポイント⑤：
윤호さんの名前はユノなの？ユンホなの？

　②で説明した通り、終声ㄴ、ㄹ、ㅁ、ㅇの次のㅎは幅のある発音です。カナで正確に表記することはできませんが、「ユノ」と聞こえたり「ユンホ」と聞こえたりします。

■正格用言の해요体(1)

　〈語幹+아요〉または〈語幹+어요〉の規則に則って해요体が作れる用言を正格用言と言います。

　正格用言の해요体を作るには、用言の辞書形から-다をとった語幹に語尾-아요または-어요をつけます。この課では、-아요をつける場合を学びます。語幹の最後の母音が陽母音のㅏまたはㅗの場合、-아요をつけます。

좋다　良い　　좋+아요 ⇒ 좋아요　良いです
받다　受け取る　받+아요 ⇒ 받아요　受け取ります

　ただし、語幹が母音ㅏで終わる場合は、重複するㅏの内ひとつを落として短くします。この形を**縮約形**と言います。좋다や받다のように語幹末にパッチムがある場合は縮約は起きません。

만나다　会う　　만나+아요 ⇒ 만나아요 ⇒ 만나요　会います

　また、語幹がㅗで終わる場合は、-아요が接続する際、しばしばㅗとㅏが1音節で発音され、と縮まります。このような形も**縮約形**と言います。

오다　来る　　오+아요 ⇒ 오아요 ⇒ 와요　来ます

【単語帳】　～曜日編～

①월요일　漢 月曜日　　②화요일　漢 火曜日
③수요일　漢 水曜日　　④목요일　漢 木曜日
⑤금요일　漢 金曜日　　⑥토요일　漢 土曜日
⑦일요일　漢 日曜日

12課 「日曜日は大丈夫です」

練習問題

1．次の用言を해요体に書き換えましょう。縮約形が作れる場合は、縮約形にしましょう。

例　가다　行く　　　　　　가요　行きます

1）나가다　出ていく　　　_____
2）나오다　出てくる　　　_____
3）싸다　安い　　　　　　_____
4）닫다　閉じる　　　　　_____
5）많다　多い　　　　　　_____
6）놀다　遊ぶ　　　　　　_____
7）보다　見る　　　　　　_____
8）사다　買う　　　　　　_____
9）살다　生きる、住む　　_____
10）타다　乗る　　　　　 _____

2．（　　）の中に入れるのに適切なものを①〜④の中から1つ選びましょう。
　　（　　）に入る用言の辞書形は알다です。

　　그 사람을 (　　　　)?
　　その人を知っていますか？

　　①아라요　　②알아요　　③알라요　　④알습니까

13課「家でもよく作ります」

韓国の食べ物が好きだと言うゆかさんに、ミンギュさんが質問しました。

민규: 한국 음식 잘 먹어요?
유카: 네, 집에서도 잘 만들어요.
　　　그리고 한국 술도 잘 마셔요.
　　　정말 맛있어요.
민규: 술은 나도 잘 먹어요.

【本文の訳】
ミンギュ：韓国料理はよく食べますか？
ゆ　　か：ええ、家でもよく作ります。
　　　　　それに、韓国のお酒もよく飲みます。
　　　　　本当においしいです。
ミンギュ：お酒は、僕もよく飲みます。

【語句】
①잘　よく、頻繁に、上手に　　②먹어요　食べます　辞 먹다
③집　家　　　　　　　　　　　④-에서도　～でも

⑤만들어요　作ります　[辞]만들다　　⑥그리고　それに、それから、そして
⑦술　酒　　　　　　　　　　　　　⑧마셔요　飲みます　[辞]마시다
⑨정말　本当、本当に　　　　　　　⑩맛있어요　おいしいです　[辞]맛있다
⑪나　私、僕

◆語句の説明……………………………………………………………………………………
②먹다には「飲む」という意味もあります。

1．저と나　2つの「わたし」

　韓国・朝鮮語には、「わたし」に当たる一人称代名詞が二つあります。저は、自分をへりくだって言う謙譲語です。改まった場所や目上の人に対して用います。나は、自分と同等または目下の人に対して用います。나は、主にぞんざいな言葉遣いで話す時に使いますが、例えば、大学生同士のゆかさんとミンギュさんのように、丁寧体で話しつつ、나を使うこともあります。

2．助詞の組み合わせ

　日本語と同じように、一部の助詞は、組み合わせて使うことができます。

에（～に）＋도（～も）⇒에도（～にも）
　◎ 한국에도 있어요.　韓国にもあります。

에서（～で）＋는（～は）⇒에서는（～では）
　◎ 회사에서는 영어를 씁니다.　会社では英語を使います。

3．正格用言の해요体の作り方(2)

　12課では、〈語幹＋아요〉の해요体の作り方を学びました。
　この課では、〈語幹＋어요〉の해요体の作り方を学びます。語幹の最後の母

音が陽母音ㅏとㅗ以外の場合、-어요をつけます。

먹다　食べる　먹 + 어요　⇒먹어요　食べます
만들다　作る　만들 + 어요　⇒만들어요　作ります

ただし、最後に子音を伴わない語幹に-어요が接続する際、縮約が起きる場合があります。

ㅓ + 어요 ⇒ ㅓ요 : 서다 立つ*4級　　서 + 어요　⇒서요
ㅕ + 어요 ⇒ ㅕ요 : 켜다 つける*4級　켜 + 어요　⇒켜요
ㅐ + 어요 ⇒ ㅐ요 : 내다 出す　　　내 + 어요　⇒내요
ㅔ + 어요 ⇒ ㅔ요 : 세다 数える*4級　세 + 어요　⇒세요
ㅜ + 어요 ⇒ ㅝ요 : 배우다 学ぶ　　배우 + 어요　⇒배워요
ㅣ + 어요 ⇒ ㅕ요 : 마시다 飲む　　마시 + 어요　⇒마셔요
ㅚ + 어요 ⇒ ㅙ요 : 되다 なる　　　되 + 어요　⇒돼요

練習問題

1．次の用言を해요体に書き換えましょう。縮約形が作れる場合は、縮約形にしましょう。

例　먹다　食べる　　　　　먹어요　食べます

1）웃다　笑う　　　　　＿＿＿＿＿＿
2）울다　泣く　　　　　＿＿＿＿＿＿

76

3） 멀다　遠い　　　＿＿＿＿＿＿＿
4） 길다　長い　　　＿＿＿＿＿＿＿
5） 기다리다　待つ　＿＿＿＿＿＿＿
6） 가르치다　教える　＿＿＿＿＿＿＿
7） 보내다　送る　　＿＿＿＿＿＿＿
8） 세우다　立てる　＿＿＿＿＿＿＿
9） 잘되다　うまくいく　＿＿＿＿＿＿＿
10） 읽다　読む　　＿＿＿＿＿＿＿

2．次の文を해요体を使って訳してみましょう。

1） 日本の食べ物はおいしいですか？

＿＿＿＿＿＿＿＿＿＿＿＿＿＿＿＿＿＿＿＿＿＿＿＿＿＿

2） 韓国語を教えます。

＿＿＿＿＿＿＿＿＿＿＿＿＿＿＿＿＿＿＿＿＿＿＿＿＿＿

3．（　）の中に入れるのに適切なものを①〜④の中から1つ選びましょう。
　　（　）に入る用言の辞書形は입다です。

　　・옷을（　　　　）．服を着ます。

　①입요　　　②입아요　　　③입으어요　　　④입어요

14課 「日本の方ですか」

　お母さんと旅行に出かけた韓国で、ゆかさんは、ショッピングをしています。店員さんがゆかさんに話しかけてきました。

점원 : 일본 분이세요?
유카 : 네, 일본사람이에요.
점원 : 한국은 처음이세요?
유카 : 네, 처음이에요.
점원 : 그런데 두 분 친구세요?
유카 : 아뇨, 제 어머니예요.

【本文の訳】
店員：日本の方ですか？
ゆか：はい、日本人です。
店員：韓国は初めてですか？
ゆか：はい、初めてです。
店員：ところで、お二人はお友達ですか？
ゆか：いいえ、私の母です。

14課 「日本の方ですか」

【語 句】
① 일본 분 [-뿐] 〈日本-〉　日本の方
② -이세요 ?　 〜でいらっしゃいますか
③ 처음　初めて
④ 그런데　ところで
⑤ 두 분　お二人
⑥ -세요 ?　 〜でいらっしゃいますか
⑦ 아뇨　いいえ
⑧ 제　わたくしの
⑨ 어머니　母

1. 사람의 尊敬語　분 「方」

분は、「方(かた)」という意味で、人「人」の尊敬語です。분は様々な名詞について、「〜の方」という尊敬語を作ります。前の名詞との組み合わせによっては[뿐]と濃音で発音することがあります。

일본사람　日本人　⇒　일본 분 [일본뿐]　日本の方
한국사람　韓国人　⇒　한국 분 [한국뿐]　韓国の方
두 사람　2人　⇒　두 분　お2人
이 사람　この人　⇒　이분　この方

2. -(이)십니다と-(이)세요 「〜でいらっしゃいます」

이다の합니다体は-입니다、해요体は-예요/-이에요でしたね。この表現の尊敬形が-십니다/-이십니다と-세요/-이세요です。「〜でいらっしゃいます」という意味です。

친구のように母音で終わる単語には-십니다か-세요がつきます。처음のように子音で終わる単語には-이십니다または-이세요がつきます。

-(이)십니다の疑問形は、-(이)십니까 ? です。

-(이)세요を、文末を上げて発音すると疑問形になります。表記するときは「 ? 」をつけます。

79

⎡母音で終わる単語の場合⎤

합니다体　非尊敬 친구입니다　⇒　尊敬 친구십니다
　　　　　非尊敬 친구입니까?　⇒　尊敬 친구십니까?
해요体　　非尊敬 친구예요　　⇒　尊敬 친구세요
　　　　　非尊敬 친구예요?　　⇒　尊敬 친구세요?

⎡子音で終わる単語の場合⎤

합니다体　非尊敬 처음입니다　⇒　尊敬 처음이십니다
　　　　　非尊敬 처음입니까?　⇒　尊敬 처음이십니까?
해요体　　非尊敬 처음이에요　⇒　尊敬 처음이세요
　　　　　非尊敬 처음이에요?　⇒　尊敬 처음이세요?

※ -십니다/-십니까は4級の出題範囲です。

練習問題

1．次の文を尊敬形に書き換えましょう。

1) 여자 친구예요?　ガールフレンドですか？

→ _____

2) 이 사람은 한국사람입니다.　この人は韓国人です。

→ _____

14課 「日本の方ですか」

3）일본은 처음이에요？　日本は初めてですか？

→

2．次の文を訳してみましょう。

1）お母さんでいらっしゃいますか？

2）お二人は日本の方でいらっしゃいますか？

3）会社員(회사원)でいらっしゃいます。

4）学生さんですか(直訳：学生でいらっしゃいますか)？

15課「私の妹ではありません」

ミンギュさんはゆかさんの家族写真を見せてもらいました。

민규 : 이분은 누구세요?
　　　유카 씨 동생이에요?
유카 : 아뇨, 제 동생이 아니에요.
민규 : 그러면 언니세요?
유카 : 아뇨!
민규 : 언니가 아니세요?
유카 : 네, 우리 어머니예요.
민규 : 네?!

【本文の訳】
ミンギュ：この方はどなたですか？　ゆかさんの妹さんですか？
ゆ　か：いいえ、私の妹ではありません。
ミンギュ：では、お姉さんですか？
ゆ　か：いいえ！
ミンギュ：お姉さんではないのですか？
ゆ　か：はい、私の母です。
ミンギュ：ええっ？！

15課 「私の妹ではありません」

【語句】

① 이분　この方
② 누구　誰
③ 씨〈氏〉　〜さん
④ 동생〈同生〉　弟または妹
⑤ -이 아니에요　〜ではありません
⑥ 언니　（女性から見た）姉、お姉さん
⑦ -가 아니세요?　〜ではいらっしゃらないのですか
⑧ 우리　私たち(の)、私の
⑨ 네?!　ええっ?!（驚いた時の感嘆詞）

◆語句の説明‥‥‥‥‥‥‥‥‥‥‥‥‥‥‥‥‥‥‥‥‥‥‥‥‥‥‥‥‥‥‥

②누구세요?は누구예요?（誰ですか）の尊敬形。⑤아니에요　辞아니다　⑧아니세요?は아니에요?の尊敬形。

1. 제 〜/내 〜/우리 〜　「私の〜」

「私の〜」「僕の〜」「私たちの〜」は次のように言います。

私の〜、わたくしの〜　　제 〜/저의 〜
私の〜、僕の〜　　　　　내 〜/나의 〜
私たちの〜、我々の〜　　우리 〜/우리의 〜

ただし、上記のどの表現も、「私の〜」という意味で使われることがあります。

韓国・朝鮮語では、自分の家族のことを「私の〜」「うちの〜」と言う時、よく우리 〜と表現します。

例えば、一人っ子であっても自分の父親のことを우리 아버지と言います。また、妻が夫を우리 남편と言うこともあります。제 〜と저의 〜は謙譲語です。

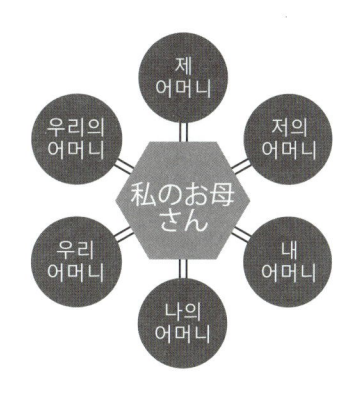

83

2. -가/-이 아니에요 「～ではありません」

「～ではありません」は、体言(名詞、代名詞、数詞)に助詞-가または-이をつけ、아닙니다や아니에요と続けます。아닙니다は아니다の합니다体、아니에요は해요体です。助詞-가/-이は、ここでは「～では」という意味になります。

母音で終わる体言 + 가 아닙니다/아니에요
子音で終わる体言 + 이 아닙니다/아니에요

疑問形は아닙니까?/아니에요?です。

◎친구가 아닙니다.　友達ではありません。
◎친구가 아닙니까?　友達ではありませんか?
◎술이 아니에요.　お酒ではありません。
◎술이 아니에요?　お酒ではありませんか?

-이다(～だ)と아니다の2つを**指定詞**と呼びます。指定詞は正格用言ではありません。해요体の-예요/-이에요(10課)と아니에요は丸覚えしましょう。また、아닙니다/아닙니까?の尊敬形は아니십니다/아니십니까?、아니에요/아니에요?の尊敬形は아니세요/아니세요?です。

◎그분은 의사가 아니십니다.
　その方はお医者さまではありません。
◎학생이 아니세요?
　学生さんではありませんか?

15課 「私の妹ではありません」

練習問題

1．次の文を「〜ではありません」という否定形に書き換えましょう。

1) 우리는 친구입니다.　私たちは友達です。

　→ _____

2) 민규 씨는 제 남자 친구예요.　ミンギュさんは私のボーイフレンドです。

　→ _____

3) 이분은 한국 분이세요.　この方は韓国の方です。

　→ _____

4) 저는 일본사람입니다.　私は日本人です。

　→ _____

5) 여기는 우리 집이에요.　ここは私の家です。

　→ _____

6) 우리 언니는 의사예요.　私の姉は医者です。

　→ _____

85

2. （　）内を埋めて、文を完成させましょう。

1）私の妹は、この人ではありません。
　　（　）（　　　　）이 사람（　）（　　　　　）.

2）この方はゆかのおばあさんではありません。
　　（　　　）유카（　　　　　）（　　　　　　）.

3）今日は水曜日ではありません。
　　오늘（　）수요일（　）（　　　　　）.

3. （　）の中に入れるのに適切なものを①〜④の中から1つ選びましょう。

・이 차는 제 자동차가 （　　　　　）.
　この車は私の車ではありません。

①없습니다　　②싫어합니다　　③아닙니다　　④입니다

【単語帳】　〜衣類編〜

① 옷　服　　　　　　　　② 바지　ズボン
③ 치마　スカート　　　　④ 속옷　下着、肌着
⑤ 구두　靴、革靴　　　　⑥ 신발　履き物、靴
⑦ 양말〈洋襪〉　靴下
⑧ 입다　着る、(ズボン、スカートを)履く
⑨ 신다　(靴下、靴を)履く　　⑩ 벗다　脱ぐ

86

15課 「私の妹ではありません」

16課「どこにお住まいですか？」

　韓国人の夫と韓国に暮らし始めたゆり子さん。タクシーの中で、運転手さんと話しています。

운전기사 : **지금 일본에 사세요, 손님?**

유 리 코 : **아뇨, 서울에 살아요.**

운전기사 : **여기서 일하세요?**

유 리 코 : **아뇨. 저는 남편이 한국사람이에요.**

운전기사 : **그러세요? 우리나라하고 일본, 어디가 더 좋으세요?**

【本文の訳】
運転手：今日本にお住まいですか、お客さん？
ゆり子：いいえ、ソウルに住んでいます。
運転手：ここでお仕事なさっているのですか？
ゆり子：いいえ、私、夫が韓国人なんです。
運転手：そうですか。韓国と日本、どちらがお好きですか？

16課 「どこにお住まいですか？」

【語 句】
① 일본　漢日本
② 사세요？　お住まいですか　辞살다
③ 손님　お客さん
④ 서울　ソウル
⑤ 여기　ここ
⑥ -서　～で
⑦ 일하세요？　お仕事なさっていますか？　辞일하다
⑧ 그러세요？　そうですか？　*4級　辞그렇다
⑨ 우리나라　我が国
⑩ -하고　～と
⑪ 어디　どこ
⑫ 더　もっと、より
⑬ 좋으세요？　お好きですか、良いですか　辞좋다

◆語句の説明・・

⑨韓国・朝鮮語を母語とする人たちは自国のことをこう表現します。本文では韓国を指しています。⑩話し言葉で使います。

1．ハングルのこ・そ・あ・ど（1）

여기（ここ）・거기（そこ）・저기（あそこ）・어디（どこ）のうち거기と저기の使い方に注意しましょう。

거기 ＝聞き手の近くにある場所を指す…「そこ」
　　　　または、目に見えない場所を指す…「そこ」「あそこ」
저기 ＝話し手と聞き手から視覚的に遠い場所を指す…「あそこ」

여기・거기・저기・어디の後ろでは、しばしば-에（～に）が省略されます。

◎저기에 있어요. ＝ 저기 있어요.　あそこにあります。

2．-에서の縮約形-서　「～で」「～から」

-에서（～で/～から）は、しばしば-서という縮約形になります。特に、여기・거기・저기・어디や、母音で終わる単語につく時に縮約形になることが多いです。

◎어디에서 만나요？＝어디서 만나요？ どこで会いますか。
◎저기에서 내려요．＝저기서 내려요． あそこで降ります。
◎학교에서 공부해요．＝학교서 공부해요． 学校で勉強します。

3．-(으)십니다/-(으)세요 「～なさいます」

「～なさいます」「お～です」に当たる尊敬形の文末表現です。-(으)십니다が합니다体で、-(으)세요が해요体です。用言の語幹の種類によって接続の仕方が異なります。疑問形は-(으)십니까？と-(으)세요？です。

| 母音語幹 | 하 ＋ 십니다 ⇒ 하십니다　なさいます
하다 する | 하 ＋ 세요 ⇒ 하세요
＊13課の이다、14課の아니다も、これに当てはまります。

| 子音語幹 | 웃 ＋ 으십니다 ⇒ 웃으십니다　お笑いになります
웃다 笑う | 웃 ＋ 으세요 ⇒ 웃으세요

| ㄹ語幹 | 만들－ㄹ ＋ 십니다 ⇒ 만드십니다　お作りになります
만들다 作る | 만들－ㄹ ＋ 세요 ⇒ 만드세요

なお、-(으)십니다/(으)십니까？は4級の出題範囲です。

16課 「どこにお住まいですか？」

練習問題

1．次の用言を尊敬形に書き換えましょう。

例　일하다　働く　　　　일하십니다　　　　　일하세요

1）오다　来る　　　＿＿＿＿＿＿＿　　＿＿＿＿＿＿＿
2）가르치다　教える　＿＿＿＿＿＿＿　　＿＿＿＿＿＿＿
3）받다　もらう　　＿＿＿＿＿＿＿　　＿＿＿＿＿＿＿
4）알다　知る　　　＿＿＿＿＿＿＿　　＿＿＿＿＿＿＿
5）보내다　送る　　＿＿＿＿＿＿＿　　＿＿＿＿＿＿＿
6）팔다　売る　　　＿＿＿＿＿＿＿　　＿＿＿＿＿＿＿
7）앉다　座る　　　＿＿＿＿＿＿＿　　＿＿＿＿＿＿＿
8）읽다　読む　　　＿＿＿＿＿＿＿　　＿＿＿＿＿＿＿

2．(　)内を埋めて、文を完成させましょう。

1) 今、お時間ございますか。(있다を使って)

　　(　　　) 시간 (　　　　　)?

2) ここで誰をお待ちですか。(기다리다を使って)

　　(　　　　) 누구를 (　　　　　　)?

17課「映画はあまり見ません」

　ソジンさんは同じ大学のヨナさんと親しくなりたくて、週末どこかに誘いたいのですが、なかなかきっかけがつかめません。

서진: **연아 씨는 영화를 잘 봐요?**
연아: **영화는 잘 안 봐요.**
서진: **주말에 어디 안 가요?**
연아: **네, 주말에는 밖에 안 나가요. 그런데 서진 씨는 주말에 공부 안 해요?**
서진: **저…… 공부는 안 좋아해요.**

【本文の訳】
ソジン：ヨナさんは、映画をよく見ますか？
ヨ　ナ：映画はあまり見ません。
ソジン：週末に、どこかに行かないんですか？
ヨ　ナ：ええ、週末は外に出ません。ところで、
　　　　ソジンさんは週末に勉強しないんですか？
ソジン：あのう……、勉強は好きではありません。

17課 「映画はあまり見ません」

【語　句】
① 영화　漢映画
② 봐요?　見ますか　辞보다
③ 안　〜しない、〜でない
④ 주말　漢週末
⑤ -에　〜に
⑥ 어디　どこか
⑦ 밖　外
⑧ 나가요　出かけます　辞나가다
⑨ 저　あのう、ええと

◆語句の説明……………………………………………………………………………

⑥「どこ」という疑問詞と同じ形ですが、ここでは「どこか」という不特定の場所を指します。

1. 안 〜 「〜しません」、「〜くありません」

「〜しない」「〜くない」と動詞や形容詞を否定形にするには、その用言の前に안を置きます。안と用言は離して書きます。

◎안 먹어요.　食べません。
◎안 좋아요?　よくありませんか？
◎안 비쌉니다.　高くありません。

ただし、하다用言のうち、〈名詞＋하다〉形の動詞は、名詞と하다の間に안が入ります。

◎운동 안 합니다.　運動しません。
◎식사 안 해요?　食事しないのですか？

「好きではありません」は 좋아 안 해요?

좋아하다や싫어하다には하다がつくので〈名詞＋하다〉と勘違いしてしまう人がいます。
좋아하다の좋아は名詞ではないので、안 좋아해요が正しいです。

93

２．否定形で聞かれた時の答え方

「～しないのですか」、「～ではないのですか」という否定形の疑問文に対して相手の質問通りであれば、네と肯定で答え、質問と反対の答えであれば、아뇨と否定で答えます。

この答え方は、日本語と同じですね。

A：이 영화 안 좋아해요?　この映画、好きではありませんか？
B：네, 안 좋아해요.　はい、好きではありません。
A：이 영화도 안 좋아해요?　この映画もお好きではありませんか？
B：아뇨, 좋아해요.　いいえ、好きです。

【単語帳】　～趣味編～

① 운동　漢運動　　　　② 스포츠　スポーツ
③ 야구　漢野球　　　　④ 축구〈蹴球〉　サッカー
⑤ 영어　漢英語　　　　⑥ 영화　漢映画
⑦ 티브이　テレビ　　　⑧ 드라마　ドラマ
⑨ 비디오　ビデオ　　　⑩ 뉴스　ニュース
⑪ 여행　漢旅行　　　　⑫ 요리　漢料理
⑬ 책〈冊〉　本　　　　⑭ 신문　漢新聞
⑮ 사진　漢写真

練習問題

1．次の文を안を使って否定形に書き換えましょう。

1）한국 음식은 잘 먹어요.　韓国の食べ物はよく食べます。

→ ....

2）술은 나도 마셔요.　お酒は私も飲みます。

→ ....

3）저는 지금 도쿄에 삽니다.　私は今東京に住んでいます。

→ ....

4）한국어를 공부해요?　韓国語を勉強していますか？

→ ....

5）서진 씨도 같이 식사해요?　ソジンさんも一緒に食事しますか？

→ ....

6）오늘 학교에서 운동합니다.　今日学校で運動します。

→ ....

2. (　)内を埋めて、文を完成させましょう。

1) なぜ<u>電話しない</u>のですか？

　　왜（　　　）（　　　）（　　　　　）？

2) <u>週末</u>はテレビを<u>見ません</u>。

　　（　　　）티브이를（　　　）（　　　　　）.

3) <u>家で料理しない</u>のですか？　<u>はい</u>、外で食べます。

　　（　　　）요리（　　　）（　　　　　）？（　　　）, 밖에서 먹어요.

4) 私は本を<u>読みません</u>。新聞は<u>読みます</u>。

　　（　　　）책을（　　　）（　　　　　）. 신문은（　　　　　）.

17課 「映画はあまり見ません」

18課「誕生日はいつですか？」

ユノさんとナヨンさんは誕生日について話しています。

윤호: 나영 씨 생일이 언제예요?

나영: 6월 27일이에요.
　　　(유)　(이십칠)

　　　윤호 씨 생일은 언제예요?

윤호: 11월 6일이에요.
　　　(십일)　(육)

나영: 그럼, 오늘이에요?

　　　축하해요!

【本文の訳】

ユ　ノ：ナヨンさんの誕生日はいつですか？
ナヨン：6月27日です。
　　　　ユノさんの誕生日はいつですか？
ユ　ノ：11月6日です。
ナヨン：じゃあ、今日ですか？
　　　　おめでとうございます！

18課 「誕生日はいつですか？」

【語　句】
① 생일〈生日〉　誕生日
② 언제　いつ
③ 6월(유월)　漢6月
④ 27일(이십칠 일)　漢27日
⑤ 11월(십일월)　漢11月
⑥ 6일(육 일)　漢6日
⑦ 그럼　じゃあ、それでは
⑧ 오늘　今日
⑨ 축하해요[추카해요]〈祝賀-〉　おめでとうございます

◆語句の説明 ……………………………………………………………………

⑦그러면が縮まった形です。

1.「○○は～ですか？」

「○○は何／誰／どこ／いつですか」のように、疑問詞を伴う疑問文では、普通、○○の後ろに助詞-가/-이を用います。

◎여기**가** 어디예요？　ここはどこですか？
◎오늘**이** 무슨 요일이에요？　今日は何曜日ですか？

でも、本文でナヨンさんは「윤호 씨 생일은 언제예요?」と言っていますが…。

생일の後ろに-은を用いているというご指摘ですね。ナヨンさんは自分の誕生日を言ったあと、「では、ユノさんの誕生日は？」と、ユノさんの誕生日を自分の誕生日と対比させているのです。このように○○を他のものと対比したり、取り立てて強調したりする時は、○○の後ろに助詞-는/-은を用います。

A：집**이** 어디예요？　家はどこですか？
B：우리 집은 요코하마예요.　私の家は横浜です。
A：회사**는** 어디예요？　会社はどこですか？

99

疑問詞をまとめておきましょう。

連続音読

무엇 : 何	누구 : 誰	누가 : 誰が	어디 : どこ	언제 : いつ
어느 : どの	어느 것 : どれ		몇 : いくつ	얼마 : いくら
왜 : なぜ	어떻게 : どのように		어떤 : どの	무슨 : 何の

2. 漢字語数詞

　数詞には、日本語の「いち、に…」に当たる**漢字語数詞**と、「ひとつ、ふたつ…」に当たる**固有語数詞**があります。漢字語数詞は、一〜十、百、千、万、億…の組み合わせで成り立っていますが、発音する時に連音化、濃音化など様々な発音変化が起きます。

連続音読

1	2	3	4	5	6	7	8	9	10
일	이	삼	사	오	육	칠	팔	구	십
11	12	13	14	15	16	17	18	19	20
십일 [시빌]	십이 [시비]	십삼 [십쌈]	십사 [십싸]	십오 [시보]	십육 [심뉴]	십칠	십팔	십구 [십꾸]	이십

　0「ゼロ」は、영〈零〉、공〈空〉または제로と言います。電話番号を言う時は、漢字語数詞を一つ一つ羅列します。0は、공と言うことが多いです。
　ハイフンは、-의（〜の）と読みます。dash を意味する 대시（または 다시）と読むこともあります。

공 칠 공 의 이 삼 팔 의 일 구 공
０７０－２３８－１９０

3. 月日の言い方

　漢字語数詞に 일〈日〉をつけると「〇日」という意味になります。普通、数詞はアラビア数字で表記します。

18課 「誕生日はいつですか?」

1일 ⇒ 일 일[이릴]
31일 ⇒ 삼십일 일[삼시비릴]

また月〈月〉をつけると「○月」という意味になります。ただし、6月と10月は、육と십のパッチムがなくなるので注意しましょう。

일월[이뤌]	1月	이월	2月	삼월[사뭘]	3月
사월	4月	오월	5月	유월	6月
칠월[치뤌]	7月	팔월[파뤌]	8月	구월	9月
시월	10月	십일월[시비뤌]	11月	십이월[시비월]	12月

【単語帳】 ～時間編～

①오전　漢午前　　　　②오후　漢午後
③어제　昨日　　　　　④오늘　今日
⑤내일〈来日〉　明日　　⑥모레　あさって
⑦지난주〈-週〉　先週　　⑧이번 주[-쭈]〈-週〉　今週
⑨다음 주[-쭈]〈-週〉　来週　⑩작년〈쟝-〉〈昨年〉　去年
⑪올해[올해]～[오래]　今年　⑫내년　漢来年

練習問題

○次の月日をハングルに書き換えてみましょう。

例	1月1日	일월 일 일	4)	7月19日	
1)	3月4日		5)	8月20日	
2)	5月7日		6)	10月10日	
3)	6月30日		7)	12月25日	

19課 「全部で1万2千ウォンです」

　ゆり子さんは、お店で買い物をしています。お店の主人と直接値段交渉をして、少しまけてもらいました。

아저씨 : **어서 오세요.**
유리코 : **이거 하나하고 저거 하나 주세요.**
아저씨 : **이 사과도 좋아요, 손님.**
유리코 : **그러면 그것도 주세요. 얼마예요?**
아저씨 : **모두 만 2천 원입니다.**
유리코 : **좀 비싸요, 아저씨！**
아저씨 : **그러면 만 원만 주세요.**
유리코 : **네, 여기 있습니다.**

【本文の訳】
おじさん：いらっしゃいませ。
ゆり 子：これひとつと、あれひとつください。
おじさん：このリンゴもいいですよ、お客さん。
ゆり 子：それではそれもください。いくらですか？
おじさん：全部で1万2千ウォンです。
ゆり 子：少し高いです、おじさん！

19課 「全部で１万２千ウォンです」

おじさん：では、1万ウォンだけください。
ゆり子：はい、どうぞ。

【語句】
① 어서 오세요　いらっしゃいませ　　② 이거　これ
③ 하나　ひとつ　　　　　　　　　　　④ 저거　あれ
⑤ 주세요　ください　辞 주다　　　　⑥ 이　この
⑦ 사과〈沙果〉　りんご　　　　　　　⑧ 그것　それ
⑨ 얼마　いくら　　　　　　　　　　　⑩ 모두　全部で、全て
⑪ 만〈万〉　1万　　　　　　　　　　　⑫ 2천(이천)　漢2千
⑬ 원　ウォン　　　　　　　　　　　　⑭ 좀　少し、ちょっと
⑮ 비싸요　高いです　辞 비싸다　　　⑯ 아저씨　おじさん
⑰ -만　〜だけ、〜のみ
⑱ 여기 있습니다　（ものを差し出して言う）どうぞ

◆語句の説明‥‥‥‥‥‥‥‥‥‥‥‥‥‥‥‥‥‥‥‥‥‥‥‥‥‥‥‥‥‥‥
②이것の縮約形、④저것の縮約形。

1．こ・そ・あ・ど（2）

이것（これ）・그것（それ）・저것（あれ）・어느 것（どれ）の内、그것と저것の使い方に注意しましょう。

昨日見たあのドラマ……
어제 본 그 드라마……

그것 ＝ 聞き手の近くにある「それ」
　　　　または、目に見えない「それ」「あれ」

저것 ＝ 話し手と聞き手から視覚的に遠くにある「あれ」

103

話し言葉では이거・그거・저거・어느 거という縮約形を用います。ただし、助詞-도に接続する時は縮約形を用いません。

◎그것도(正)　　그거도(誤)

이(この)・그(その)・저(あの)・어느(どの)は、体言の前に置き、普通、体言と分かち書きします。

◎이 사과(正)　　이사과(誤)

２．漢字語数詞につく助数詞

百から万単位の数は、백(百)、천(千)、만(万)を組み合わせて表しますが、１万は、普通、일만ではなく만と言います。

漢字語数詞につく助数詞には、次のようなものがあります。数詞は普通アラビア数字で表記します。

년〈年〉：～年	번〈番〉：～番	원：～ウォン
엔：～円	분〈分〉：～分	층〈層〉：～階

2015년　　⇒　이천십오 년[이천시보년]
100원　　⇒　백 원[배권]
5,000원　⇒　오천 원[오처눤]
70,000엔　⇒　칠만 엔[칠마넨]

数詞の部分を問う時は、몇(何～、いくつ、いくつの～)を助数詞の前に置きます。

◎몇 번이에요?　　何番ですか？
◎몇 층에 사세요?　　何階にお住まいですか？

19課 「全部で1万2千ウォンです」

練習問題

1．次の数詞と助数詞をハングルに書き換えてみましょう。

例	19階	십구 층	4)	60番	
1)	1984年		5)	27,800円	
2)	25番		6)	55分	
3)	4,600ウォン		7)	33階	

2．（　）内を埋めて、文を完成させましょう。数詞はハングルで表記してください。

1) 電話番号は<u>何 番</u>ですか。

　　전화번호가 (　　) (　　　　　)?

2) <u>私は 3 階</u>に住んでいます。

　　(　　) (　　) (　　　　) 삽니다.

3) <u>どの リンゴ</u>がいいですか。

　　(　　) (　　　　) 좋아요?

4) <u>その本は14,000</u>ウォンです。

　　(　　) 책은 (　　　　　　) 원입니다.

5) <u>それ</u>、<u>下さい</u>。

　　(　　　), (　　　　　).

20課 「このお店はビビンバがおいしいです」

　大学で友達のヒョヌさんとテヒさんは、ビビンバ屋の前を通りかかりました。ヒョヌさんはお店に入りたそうです。

현우 : 태희 씨, 이 집 알아요?
태희 : 몰라요. 왜요?
현우 : 이 집은 비빔밥이 맛있어요.
　　　 아주머니가 전주 사람이에요.
태희 : 그래요?
현우 : 지금 시간 있어요?
태희 : 지금은 없어요.
　　　 지금부터 수업이 있어요.

【本文の訳】
ヒョヌ：テヒさん、このお店知っていますか？
テ　ヒ：知りません。なぜですか？
ヒョヌ：このお店はビビンバがおいしいです。
　　　　おばさんが全州の人です。
テ　ヒ：そうですか。
ヒョヌ：今、時間ありますか？
テ　ヒ：今はありません。今から授業があります。

20課 「このお店はビビンバがおいしいです」

【語　句】
① 집　店
② 알아요　知っています　[辞] 알다
③ 몰라요　知りません　[辞] 모르다
④ 왜요?　なぜですか?
⑤ 비빔밥[-빱]　ビビンバ
⑥ 아주머니　おばさん
⑦ 전주〈全州〉　全羅北道〈전라북도〉の都市。
⑧ 사람　人
⑨ 시간　[漢]時間
⑩ 없어요　ありません　[辞] 없다
⑪ -부터　～から
⑫ 수업　[漢]授業

◆語句の説明……………………………………………………………………

①13課で「家」という意味で出てきましたが、「店」という意味もあります。④왜요?は왜?の丁寧な形です。⑤비빔밥の밥は[빱]と発音します。⑥店で働く中高年の女性をこう呼ぶことがあります。⑦ビビンバが有名な都市。

1．있다と없다　「ある」と「ない」

있다、없다および-있다、-없다で終わる用言を**存在詞**と言います。存在詞には次のようなものがあります。

있다　ある、いる　　⇔　없다　ない、いない
맛있다　おいしい　　⇔　맛없다　おいしくない
재미있다　おもしろい　⇔　재미없다　つまらない　*4級

存在詞の否定形は、基本的に안は使わず、その対義語を使って表します。

◎시간이 없습니다.　時間がありません。
◎이 요리는 맛없어요.　この料理はおいしくありません。

107

> 発音のポイント⑥：
> 맛있다と맛없다はどう発音するの？

맛있다には[마싣따]と[마딛따]の２つの発音があります。[마싣따]と言う人が多いです。맛없다は[마덥따]と発音します。

✎맛있다 おいしい　　　✎맛없다 まずい

2. 알다と모르다

알다（知っている、知る）の否定形は、안は使わず、모르다（知らない）で表します。모르다の합니다体は모릅니다、해요体は몰라요です。모르다는르変格用言といい、正格用言とは異なる活用をします。今は"모르다‐모릅니다‐몰라요"と丸ごと覚えておきましょう。

◎Ａ：그 사람을 알아요？　その人を知っていますか？
　Ｂ：아뇨, 몰라요.　　いいえ、知りません。

◎Ａ：그것도 몰라요？　それも知らないのですか？
　Ｂ：아뇨, 알아요.　　いいえ、知っています。

✎【単語帳】　～食べ物・飲み物編～

①냉면　漢冷麺　　②고기　肉　　③불고기　プルゴギ
④쇠고기　牛肉　　⑤돼지고기　豚肉　　⑥생선〈生鮮〉　魚
⑦김치　キムチ　　⑧국　スープ　　⑨빵　パン
⑩물　水　　⑪차〈茶〉　お茶　　⑫커피　コーヒー
⑬우유　漢牛乳

20課 「このお店はビビンバがおいしいです」

否定形のおさらいです

品詞によって否定形の作り方が異なります。

品詞		否定形の作り方	例
動詞	〈名詞＋하다〉	名詞＋안＋하다	공부 안 해요
	알다	모르다	몰라요
	それ以外の動詞	안＋動詞	안 먹어요
形容詞		안＋形容詞	안 좋아요
指定詞 ○○이다		○○가/이 아니다	친구가 아니에요
存在詞 있다		없다	없어요

練習問題

1．次の文を否定形にしてみましょう。

1）오늘은 시간이 있어요.　今日は時間があります。

　→ _____

2）이 집 냉면은 정말 맛있어요.　この店の冷麺は本当においしいです。

　→ _____

3）저는 한국어를 압니다.　私は韓国語を知っています。

　→ _____

4) 저는 고기를 잘 먹어요.　私は肉をよく食べます。

   →

5) 생선을 좋아하세요?　魚がお好きですか?

   →

6) 이것은 한국 김치입니다.　これは韓国のキムチです。

   →

2．次の文を訳してみましょう。

1) このお店はプルゴギが高いです。

2) 今日から韓国語の授業があります。

3) 牛肉も豚肉もよく食べます。

20課 「このお店はビビンバがおいしいです」

21課「授業は何時から何時までですか?」

テヒさんは、ヒョヌさんに授業の後、ビビンバ屋に行こうと誘います。

현우: 수업이 몇 시부터 몇 시까지예요?

태희: 1시(한) 반부터 3시(세) 20분(이십)까지예요. 현우 씨는 몇 시에 수업이 끝나요?

현우: 5시(다섯) 35분(삼십오)에 끝나요.

태희: 그럼 우리 저녁에 비빔밥 집에 가요!

현우: 좋아요! 6시(여섯)에 여기서 만나요!

【本文の訳】

ヒョヌ:授業は何時から何時までですか?
テ ヒ:1時半から3時20分までです。
　　　　ヒョヌさんは何時に授業が終わりますか?
ヒョヌ:5時35分に終わります。
テ ヒ:それでは夕方、ビビンバ屋に行きましょう!
ヒョヌ:いいですね!6時にここで会いましょう!

112

21課 「授業は何時から何時までですか？」

【語 句】
① 몇 시　何時
② -까지　～まで
③ 1시〈-時〉　1時
④ 반　漢 半
⑤ 3시 20분〈-時-分〉　3時20分
⑥ 끝나요？［끈나요］　終わりますか？　辞 끝나다
⑦ 5시 35분〈-時-分〉　5時35分
⑧ 저녁　夕方
⑨ 가요　行きましょう　辞 가다
⑩ 6시〈-時〉　6時
⑪ 만나요　会いましょう　辞 만나다

◆語句の説明
⑨及び⑪の해요体はイントネーションによって、「～しましょう」という勧誘形になります。本文に出てくる가요と만나요は勧誘形です。

1. 1～20までの固有語数詞

10～19までは열と하나～아홉を組み合わせて表します。その時、組み合わせによってはまだ習っていない発音変化が起こるものがありますが、今は丸覚えしてください。固有語数詞は1の位と10の位しかなく、最大で99までしか言うことができません。

連続音読

1	2	3	4	5
하나	둘	셋 [센]	넷 [넫]	다섯 [다섣]
6	7	8	9	10
여섯 [여섣]	일곱	여덟 [여덜]	아홉	열
11	12	13	14	15
열하나 [열하나]~[여라나]	열둘 [열뚤]	열셋 [열쎈]	열넷 [열렌]	열다섯 [열따섣]
16	17	18	19	20
열여섯 [열려섣]	열일곱 [여릴곱/열릴곱]	열여덟 [열려덜]	열아홉 [여라홉]	스물

113

２．固有語数詞につく助数詞

固有語数詞につく助数詞には次のようなものがあります。

連続音読

명〈名〉：〜名、〜人	분：〜人様	살：〜歳
개〈個〉：〜個	시〈時〉：〜時	시간〈時間〉：〜時間
마리：〜匹、〜羽	권〈巻〉*：〜冊	장〈張〉：〜枚
번〈番〉*：〜回、〜度	번째〈番-〉*：〜番目、〜度目	

*권と번は、漢字語数詞につく時はそれぞれ順序を表す「〜巻」「〜番」の意味になります(19課参照)。
*「1番目」だけは한 번째ではなく첫번째と言います。

1〜4と20は、助数詞や名詞の前で、それぞれ한、두、세、네、스무という形になります。한は하나が縮んだ形、その他はパッチムを取った形です。

　　세 번：3回　　　스무 살：20歳　　　두 시간：2時間

数詞の部分を問う時は、몇(何〜、いくつ、いくつの〜)を助数詞や名詞の前に置きます。

◎몇 분이세요?　何名様ですか？
◎몇 개 사세요?　何個お買いになりますか？

21課 「授業は何時から何時までですか？」

練習問題

1．次の日本語をハングルに書き換えてみましょう。

例	1時	한 시	4)	7人	
1)	5枚		5)	3回	
2)	4時間		6)	2回目	
3)	2匹		7)	6冊	

2．(　)内を埋めて、文を完成させましょう。

1) そのりんご、4 個ください。
　　(　　) 사과 (　　)(　　) 주세요.

2) A：何 歳ですか？
　　(　　)(　　)이세요?

　B：18 歳です。
　　(　　)(　　)이에요.

3) A：何 名様でいらっしゃいますか？
　　(　　)(　　)이세요?

　B：4 人です。
　　(　　)(　　)입니다.

4) 今日は韓国語を1 時間勉強します。
　　오늘은 (　　　　)를 (　　　)(　　　　) 공부합니다.

115

コラム⑥ 〜年齢の数え方〜

　韓国では年齢をかぞえ年で言います。生まれた時に1歳で、新年を迎える度に1歳ずつ歳をとっていきます。
　例えば、10月生まれの子は生まれた時点で1歳、3か月後に新年を迎えると2歳になります。
　日本の同じ月齢の人と比べると、年齢を1〜2歳多く数えていることになります。日本式に年齢を言う場合は、만 ○ 살(満○歳)と表現すると誤解を避けられるでしょう。

21課 「授業は何時から何時までですか？」

22課 「コンビニの中にATMがあります」

韓国に出張中の茂さん、女性に道を尋ねました。

시게루 : **실례합니다.**
　　　　　편의점이 어디 있습니까?
여　자 : **역 앞에 하나 있어요.**
시게루 : **여기서 가깝습니까?**
여　자 : **네, 저 우체국 뒤가 역이에요.**
시게루 : **그리고 은행도 있습니까?**
여　자 : **은행은 없어요. 하지만 편의점 안에 ATM이 있어요.**
시게루 : **그렇습니까? 감사합니다.**

【本文の訳】
　茂：失礼します。
　　　コンビニはどこにありますか？
女性：駅前にひとつあります。
　茂：ここから近いですか？
女性：はい、あの郵便局の後ろが駅です。
　茂：それから、銀行もありますか。

22課 「コンビニの中にATMがあります」

女性：銀行はありません。
　　　でも、コンビニの中にATMがあります。
茂：そうですか。ありがとうございます。

【語　句】
①실례합니다〈失礼-〉　失礼します　辞 실례하다
②편의점〈便宜店〉　コンビニ *4級
③역　漢 駅　　　　　　　　　　④앞　前
⑤가깝습니까？　近いですか　辞 가깝다
⑥우체국〈郵遞局〉　郵便局　　　⑦뒤　後ろ
⑧은행　漢 銀行　　　　　　　　⑨하지만　でも
⑩안　中
⑪ATM［에이티엠］　ATM、現金自動預け払い機
⑫그렇습니까？　そうですか　辞 그렇다
　◆語句の説明……………………………………………………
　　⑤ㅂ変格用言

■位置の言い方

位置を表す単語には次のようなものがあります。

　　　　　　　　　　　　　　　　　　　　　　　連続音読

앞：前　　　　　　뒤：後ろ　　　　　옆：横
밖：外　　　　　　안：中、内　　　　속：内、中、内部
위：上　　　　　　아래：下、下部　　밑：下、底

119

位置を表すときのポイント

～の前／後ろ／横…など位置を表すとき、-의（～の）は用いません。単語と単語を並べて表します。

◎나무 앞　木の前
◎학교 뒤　学校の裏

単語の組み合わせによっては、一気に発音すると、発音の変化が起こる場合があります。

◎역 앞 [여갑]　駅の前
◎우체국 뒤 [우체국뛰]　郵便局の裏

안과 속、밑과 아래의 사용법을 가르쳐줘！

안と속

안은 속의 것이 보일 때 잘 사용합니다.
속은 속의 것이 보이지 않을 때 잘 사용합니다.

◎가방 안　カバンの中　　　◎마음 속　心の中

120

22課 「コンビニの中にATMがあります」

밑と아래 　밑は物に接している、または近接する「下」を指す時によく用います。
아래はある物の「下方」を指す時によく用います。

◎책상 밑　机の下　　　　　◎하늘* 아래 空の下　　*4級

【単語帳】 ～場所編～

① 공항　漢 空港　　　　　② 도서관　漢 図書館
③ 호텔　ホテル　　　　　　④ 화장실〈化粧室〉　トイレ
⑤ 방〈房〉　部屋　　　　　⑥ 병원　漢 病院
⑦ 시장　漢 市場　　　　　⑧ 식당　漢 食堂
⑨ 아파트　マンション

121

練習問題

1. 絵を見て、次の建物の位置が分かるように空欄を埋めてみましょう。

1) 나는 지금 도서관 앞에 있어요.

　　도서관은 아파트 (　)에 있습니다.

　　아파트는 병원 (　)에 있습니다.

　　식당은 병원 (　)에 있습니다.

22課 「コンビニの中にATMがあります」

2) 책은 신문 (　)에 있습니다.

　　신문은 책 (　)에 있습니다.

2. (　)内を埋めて、文を完成させましょう。

1) 空港の 前にホテルがあります。
　　(　　) (　　)에 (　　　)이 있습니다.

2) バスの 中で毎日友達に会います。
　　(　　) (　　)에서 매일 (　　　)를 만나요.

3) トイレは食堂の 外にあります。
　　(　　　)은 (　　) (　　)에 있습니다.

123

23課「その友達は韓国語が上手ですか?」

テヒさんの友達は韓国語ができません。ヒョヌさんは2人がどうやって話すのか聞きました。

태희: **내일 외국에서 친구가 와요.**
현우: **그래요?**
　　　그 친구는 한국어를 잘해요?
태희: **아뇨. 한국어를 하나도 못해요.**
현우: **그러면 그 친구하고 어떻게 이야기해요?**
태희: **영어로 이야기해요.**
　　　제가 영어는 좀 잘해요.

【本文の訳】
テ　ヒ：明日外国から友達が来ます。
ヒョヌ：そうですか。
　　　　その友達は韓国語が上手ですか?
テ　ヒ：いいえ、韓国語が全くできません。
ヒョヌ：それでは、その友達とどうやって話すのですか?
テ　ヒ：英語で話します。
　　　　私、英語は少し得意なんです。

23課 「その友達は韓国語が上手ですか？」

【語句】
① 내일 〈来日〉　明日
② 외국　漢 外国
③ 와요　来ます　辞 오다
④ 잘해요?　上手ですか　辞 잘하다
⑤ 하나도　全く (～でない)、ひとつも (～でない)
⑥ 못해요[모태요]　できません　辞 못하다
⑦ 어떻게[어떠케]　どのように、どうやって
⑧ 이야기해요?　話しますか？　辞 이야기하다
⑨ 영어　漢 英語
⑩ -로　～で
⑪ 제가　私が

◆語句の説明………………………………………………
③하나도の後には否定表現が続きます。

発音の変化④ 激音化について学びましょう

次の２つの場合、激音化が起こります。２つの単語間でも起きます。

① 終声 [ㅂᵖ] [ㄷᵗ] [ㄱᵏ] の直後に ㅎ が来ると、それぞれ対応する激音で発音されます。

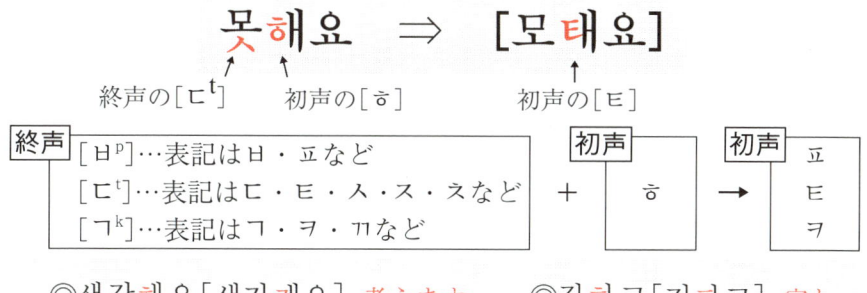

못해요 ⇒ [모태요]

終声の[ㄷᵗ]　初声の[ㅎ]　初声の[ㅌ]

終声	[ㅂᵖ]…表記はㅂ・ㅍ など
	[ㄷᵗ]…表記はㄷ・ㅌ・ㅅ・ㅆ・ㅊ など
	[ㄱᵏ]…表記はㄱ・ㅋ・ㄲ など

+ 初声 ㅎ → 初声 ㅍ / ㅌ / ㅋ

◎ 생각해요[생가캐요]　考えます　　◎ 집하고[지파고]　家と

125

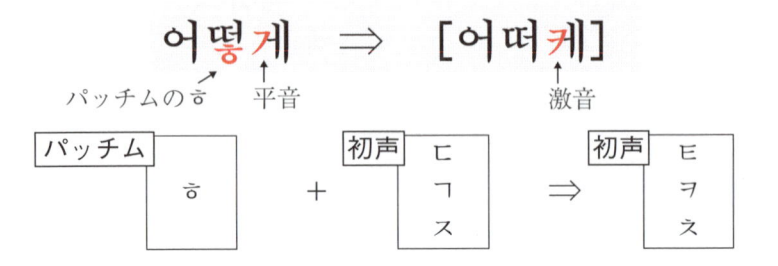

②パッチムㅎの直後に来るㄷ、ㄱ、ㅈはそれぞれㅌ、ㅋ、ㅊで発音されます。

어떻게 ⇒ [어떠케]

パッチムのㅎ　平音　　　　激音

| パッチム ㅎ | ＋ | 初声 ㄷ ㄱ ㅈ | ⇒ | 初声 ㅌ ㅋ ㅊ |

また、パッチムㄶ、ㅀの直後に来るㄷ、ㄱ、ㅈも激音化します。

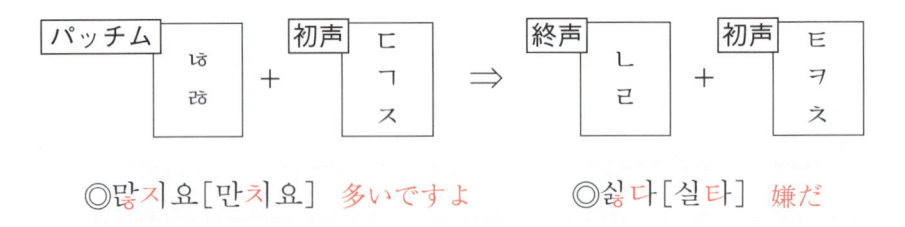

| パッチム ㄶ ㅀ | ＋ | 初声 ㄷ ㄱ ㅈ | ⇒ | 終声 ㄴ ㄹ | ＋ | 初声 ㅌ ㅋ ㅊ |

◎많지요[만치요] 多いですよ　　◎싫다[실타] 嫌だ

なお、ハン検で激音化が発音問題に出題されるのは4級以上です。

1. 저、나、누구＋助詞-가

저、나、누구(誰)は、助詞の-가が接続すると、形が変わります。

| 저 / 나 / 누구 | ＋ | 가 | ⇒ | 제가 私が / 내가 私が / 누가 誰が |

2. 잘하다と못하다 「上手だ」と「できない」

「〜が上手にできる」、「〜が得意だ」は、-를/-을 잘하다と表現します。잘하다は他動詞なので、目的格の-를/-을（〜を）という助詞を用います。

◎운동을 잘해요.　運動が得意です。

「〜ができない」は、-를/-을 못하다と表現します。

また、「〜がよくできない」、「〜をすることが苦手だ」は、-를/-을 잘 못하다を使います。

◎한국어를 잘 못해요.　韓国語が下手です。

【単語帳】　〜学校編〜

① 가르치다　教える
② 배우다　学ぶ
③ 공부하다〈工夫-〉　勉強する
④ 다니다　通う
⑤ 대학교〈大学校〉　大学
⑥ 대학생　漢大学生
⑦ 고등학교〈高等学校〉　高校
⑧ 고등학생〈高等学生〉　高校生
⑨ 교실　漢教室
⑩ 교과서　漢教科書
⑪ 책〈冊〉　本
⑫ 노트　ノート
⑬ 수업　漢授業
⑭ 시험　漢試験
⑮ 숙제　漢宿題
⑯ 책상〈冊床〉　机

練習問題

1．下線部を発音通り表記したものを選んでみましょう。

1) <u>축하</u>해요. おめでとうございます。

   ①[추카]   ②[추가]   ③[추까]   ④[추하]

2) <u>부탁합니다</u>. お願いします。

   ①[부타탐니다] ②[부타팜니다] ③[부타캄니다] ④[부타함니다]

3) <u>밥하고</u> 국을 주세요. ごはんとスープをください。

   ①[바바고]   ②[바파고]   ③[바빠고]   ④[바하고]

2．（　）内を埋めて、文を完成させましょう。

1) <u>その友達と</u> <u>どうやって</u>会いますか。

   （　）친구（　）（　　　）만나요？

2) <u>私は</u>勉強が<u>苦手です</u>。

   （　）공부를（　）（　　　　）．

3) <u>外国から</u> <u>誰が</u>来ますか。

   （　　）에서（　　）와요？

128

23課 「その友達は韓国語が上手ですか?」

4) うちの息子は料理が得意です。

　　우리 아들은 (　　　)를 (　　　　).

24課 「こちらの席、どうぞ」

地下鉄の中でユノさんが子連れの女性に席を譲りました。

윤호 : 저……, 여기 자리 있습니다.
　　　앉으세요.
여자 : 감사합니다.
　　　가방 주세요.
윤호 : 괜찮습니다.
　　　저는 다음 역에서 내립니다.

【本文の訳】
ユノ：あの……、こちらの席、どうぞ。
　　　（直訳：ここに席あります）
　　　座ってください。
女性：ありがとうございます。
　　　カバンお持ちしますよ。
　　　（直訳：カバンください）
ユノ：大丈夫です。
　　　私は次の駅で降ります。

24課 「こちらの席、どうぞ」

【語 句】
① 저　あの
② 자리　席、場所
③ 앉으세요　お座りください　[辞] 앉다
④ 가방　カバン
⑤ 주세요　ください　[辞] 주다
⑥ 다음　次
⑦ 내립니다　降ります　[辞] 내리다

1.　-(으)세요 「～してください」

　16課で「～られます」「お～です」に当たる尊敬形の해요体を習いました。この形は「～してください」「お～ください」という丁寧な命令形としても使えます。ただし、あくまでも命令形なので、相手が望まないことに使うと失礼になることがあります。では、作り方をおさらいしましょう。

母音語幹	하다 : 하 + 세요 ⇒ 하세요　してください
子音語幹	읽다 : 읽 + 으세요 ⇒ 읽으세요　お読みください
ㄹ語幹	만들다 : 만들－ㄹ + 세요 ⇒ 만드세요　お作りください

　19課に出てきた주세요は、「くれる」「あげる」という意味の주다の語幹に-세요がついた丁寧な命令形です。안녕히 가세요の가세요も、가다の丁寧な命令形です。

2.　いろいろな「どうぞ」

　韓国・朝鮮語には相手に何かを勧める時の「どうぞ」にぴったり合う言葉がありません。具体的な動詞を使って「～してください」と表現することが多いです。

▶物を渡しながら言う「どうぞ」

　◎받으세요.　直訳：お受け取りください。

131

▶先に降りることを勧めながら言う「どうぞ」

　　◎먼저 내리세요. 直訳：お先にお降りください。

あるいは命令形を避けて、次のように言う方法もあります。

▶物を見せたり、渡したりしながらの「どうぞ」

　　◎여기 있습니다. 直訳：ここにあります。

▶席を譲りながらの「どうぞ」

　　◎자리 있습니다. 直訳：席あります。

練習問題

1．次の文を訳してみましょう。

1）（急いでいる人に対して）먼저 가세요.

2）주말에 우리 집에 오세요.

3）선물(プレゼント) 받으세요.

24課 「こちらの席、どうぞ」

2.（　）内を埋めて、文を完成させましょう。

1) 少々お待ちください。(待つ＝기다리다)

　　잠깐만 (　　　　　).

2) (お客様に商品を見せながら)どうぞ。

　　(　　) 있습니다.

3) (写真を撮りながら)笑ってください！(笑う＝웃다)

　　자, (　　　　)！

コラム⑦

～かばん、お持ちしますよ～

　韓国では、電車やバスなどで、高齢者などに席を譲る姿がよく見られます。
　また、座っている人が立っている人の荷物を"가방 주세요"などと言って持ってあげることもあります。

25課「何を注文しましょうか？」

　今日が誕生日のユノさん。ナヨンさんと会社帰りに一緒に食事をしました。

윤호 : **뭐 시킬까요?**

나영 : **불고기로 할까요?**

윤호 : **네. 그리고 술도 먹을까요?**

나영 : **좋아요.**

윤호 : **어떤 술로 할까요?**

나영 : **이 술 어때요?**

【本文の訳】

ユ　ノ：何を注文しましょうか？
ナヨン：プルゴギにしましょうか？
ユ　ノ：はい。それから、お酒も飲みましょうか？
ナヨン：いいですね。
ユ　ノ：どんなお酒にしましょうか？
ナヨン：このお酒はどうですか？

25課 「何を注文しましょうか？」

【語 句】
① 뭐　何
② 시킬까요?　注文しましょうか？　頼みましょうか？　辞 시키다
③ 불고기　プルゴギ　　　　　　　④ -로　～に
⑤ 할까요?　しましょうか？　辞 하다
⑥ 먹을까요?　飲みましょうか？、食べましょうか？　辞 먹다
⑦ 어떤　どんな

1. 무엇、무어、뭐 「何」

「何」という疑問詞무엇は、話し言葉ではㅅが脱落して、무어や、これが縮まった뭐という形になります。무엇이（何が）は、話し言葉では무어가や뭐가となります。무어より뭐と使われる場合がほとんどです。

2. -(으)ㄹ까요？ 「～しましょうか？」、「でしょうか？」

-(으)ㄹ까요?は、相手に「～しましょうか？」と、誘ったり何かを提案したり、相手の意向を聞いたりする時に用いる語尾です。語幹の種類によって接続の仕方が異なります。

母音語幹　하다：하 + ㄹ까요? ⇒ 할까요?　しましょうか？

子音語幹　읽다：읽 + ㄹ까요? ⇒ 읽을까요?　読みましょうか？

ㄹ語幹　만들다：만들-ㄹ + ㄹ까요? ⇒ 만들까요?　作りましょうか？

◎ 어디서 만날까요?　どこで会いましょうか？

◎ 문을 닫을까요?　ドアを閉めましょうか？

◎ 한국 음식을 만들까요?　韓国料理を作りましょうか？

3. -로/-으로 하다 「～にする」

「～にする」「～に決める」は、-로/-으로 하다と表現します。母音または
ㄹで終わる単語には-로 하다がつきます。

◎불고기＋로⇒불고기로 하다　プルゴギにする
◎술＋로⇒술로 하다　　　　　　お酒にする

ㄹ以外の子音で終わる単語には-으로がつきます。

◎음식＋으로⇒음식으로 하다　食べ物にする

練習問題

1.（　　　）の中に-로と-으로のどちらか適切な方を入れてみましょう。

1）今日にしましょうか？　明日にしましょうか？
　　오늘（　　）할까요？ 내일（　　）할까요？

2）何にしましょうか？
　　무엇（　　）할까요？

3）この食堂にしましょうか？
　　이 식당（　　）할까요？

4）誕生日プレゼントはCDにしました。
　　생일 선물은 시디（　　）했어요.

2. (　)内を埋めて、文を完成させましょう。

1) 韓国語で 話しましょうか？
　　（　　　　）（　　　　）？

2) 日曜日にしましょうか？
　　일요일로 (　　　　)？

3) 次の駅で降りましょうか？
　　다음 역에서 (　　　　)？

4) 一緒に映画を 見ましょうか？
　　같이 (　　　　)(　　　　)？

5) ここに座りましょうか？
　　여기 (　　　　)？

26課「いい映画でした」

ソジンさんは、今日ついにヨナさんとデートをしました。

연아 : **영화 잘 봤어요, 서진 씨.
정말 좋은 영화였어요. 그리고
저녁도 잘 먹었어요.**
서진 : **천만에요. 나도 오늘 잘 놀았어요. 그럼 또 봐요.**
연아 : **네, 또 만나요.**

【本文の訳】

ヨ　ナ：映画楽しかったです、ソジンさん。本当にいい映画でした。それから夕食もごちそうさまでした。
ソジン：どういたしまして。僕も今日楽しかったです。では、また会いましょう。
ヨ　ナ：ええ、また会いましょう。

26課 「いい映画でした」

【語句】
① 잘　よく、十分に、満足に
② 봤어요　見ました　辞 보다
③ 좋은　よい～
④ -였어요　～でした　辞 이다
⑤ 저녁　夕食
⑥ 먹었어요　食べました　辞 먹다
⑦ 천만에요〈千万-〉　どういたしまして
⑧ 놀았어요　遊びました　辞 놀다
⑨ 또 봐요/또 만나요　また会いましょう

◆語句の説明..
①②⑥⑧잘のここでの意味は「十分に」「満足に」です。後ろに動詞の過去形を伴い、その行為の結果がよかったことを表します。また、そうさせてくれた相手に対する感謝の気持ちも表します。잘 봤어요→(本、映画などが)楽しかったです、面白かったです。잘 먹었어요→おいしかったです、ごちそうさまでした。잘 놀았어요→(遊んで)楽しかったです。③좋다の連体形。連体形の作り方は4級テキストで学習します。⑨29課参照。

1. 正格用言の過去形

「～した」「～していた」「～だった」という過去形は、次のように作ります。

語幹の最後の母音が陽母音ㅏまたはㅗの場合

　　語幹 + 았 + 語尾

　　살다　住む　　살 + 았 + 다 ⇒ 살았다　住んだ、住んでいた

語幹の最後の母音がㅏとㅗ以外の場合

　　語幹 + 었 + 語尾

　　먹다　食べる　　먹 + 었 + 다 ⇒ 먹었다　食べた

語幹と赤色の語尾に挟まれた　　の部分を、補助語幹と呼びます。-았-と-었-は過去形を作る補助語幹です。

139

補助語幹は、語幹に接続して、拡大した語幹を作ります。

語幹＋補助語幹⇒拡大した語幹

놀 ＋ 았 ⇒ 놀았

「～でした／～ました」と丁寧に文を終わらせるには、この拡大した語幹に합니다体や해요体の語尾を接続します。拡大した語幹は、子音で終わる子音語幹ですから、합니다体なら、-ㅂ니다ではなく、-습니다が接続します。また、해요体なら、一律に-어요が接続します。

합니다体	해요体	
살았습니다	살았어요	住みました/住んでいました
먹었습니다	먹었어요	食べました

ただし、母音語幹に-았-/-었-が接続する際は、-아요/-어요が接続する時と同様に、縮約が起きます(12課、13課参照)。

例)		語幹	＋	았/었	＋	語尾	⇒	縮約した形	
사다	買う	사	＋	았	＋	다	⇒	샀다	買った
오다	来る	오	＋	았	＋	다	⇒	왔다	来た
서다	立つ	서	＋	었	＋	다	⇒	섰다	立った
켜다	つける*4級	켜	＋	었	＋	다	⇒	켰다	つけた
내다	出す	내	＋	었	＋	다	⇒	냈다	出した
세다	数える	세	＋	었	＋	다	⇒	셌다	数えた
배우다	学ぶ	배우	＋	었	＋	다	⇒	배웠다	学んだ
마시다	飲む	마시	＋	었	＋	다	⇒	마셨다	飲んだ
되다	買う*4級	되	＋	었	＋	다	⇒	됐다	なった

26課 「いい映画でした」

２．指定詞の過去形

指定詞이다の過去形は、次のように作ります。

子音で終わる単語につく場合

이 + 었 + 語尾
◎학생이었어요.　学生でした。

母音で終わる単語につく場合

였 + 語尾
◎친구였습니다.　友達でした。

아니다の過去形は 아니 + 었 + 語尾 です。縮約はしません。

◎친구가 아니었어요.　　友達ではありませんでした。

141

練習問題

1. 次の用言を例にならって、「〜しました」「〜でした」と過去形に変えてみましょう。縮約形が作れる場合は、縮約形にしましょう。

例	나가다	出ていく	나갔습니다	나갔어요
1)	싸다	安い	_____	_____
2)	만나다	会う	_____	_____
3)	오다	来る	_____	_____
4)	닫다	閉める	_____	_____
5)	많다	多い	_____	_____
6)	만들다	作る	_____	_____
7)	맛있다	おいしい	_____	_____
8)	기다리다	待つ	_____	_____
9)	잘되다	うまくいく	_____	_____
10)	없다	ない	_____	_____
11)	앉다	座る	_____	_____
12)	내리다	降りる	_____	_____

2. (　)内を埋めて、文を完成させましょう。

1) 誰がドアを<u>閉めましたか</u>？

　　누가 문을 (　　　　)？

26課 「いい映画でした」

2）私はソウルに住んでいました。

    (　　　) 서울에 (　　　　　).

3）その映画はとてもよかったです。

    그 영화는 아주 (　　　　　).

4）昨日は私の誕生日でした。

    어제는 제 생일(　　　　　).

27課「食事しましたか？」

大学の自習室で勉強しているテヒさんにヒョヌさんが声をかけました。

현우: 태희 씨, 시험 공부 많이 했어요?
태희: 나는 오늘 시작했어요.
　　　현우 씨는 공부했어요?
현우: 나는 아직 시작 안 했어요.
　　　그런데 태희 씨, 식사했어요?
태희: 아직 안 했어요.
현우: 그러면 우리 같이 식사할까요?
태희: 네, 어디 갈까요?

【本文の訳】
ヒョヌ：テヒさん、試験の勉強はたくさんしましたか？
テ　ヒ：私は今日から始めました。
　　　　ヒョヌさんは勉強しましたか？
ヒョヌ：僕はまだ始めていません。
　　　　ところで、テヒさん、食事しましたか？
テ　ヒ：まだしていません。
ヒョヌ：それなら、一緒に食事しませんか？
テ　ヒ：ええ、どこ行きましょうか？

27課 「食事しましたか？」

【語 句】

① 시험　漢試験　　　　　　② 많이　たくさん
③ 했어요?　しましたか？　辞 하다
④ 시작했어요〈始作-〉　始めました　辞 시작하다
⑤ 공부했어요?〈工夫-〉　勉強しましたか？　辞 공부하다
⑥ 아직　まだ *4級
⑦ 식사했어요?〈食事-〉　食事しましたか？　辞 식사하다
⑧ 같이　一緒に

◆語句の説明••
⑧発音は[가치]。この発音変化を口蓋音化と言いますが、4級テキストで学習します。

1. 하다用言の過去形

하다用言の過去形は、次のように作ります。

　　　하 ＋ 였 ＋ 語尾

　例） 하 ＋ 였 ＋ 습니다　⇒　하였습니다　しました

하였＋語尾はかしこまった席や書き言葉で使われます。
それ以外の場では、하였の縮約形である했に様々な語尾がつきます。

　　　했 ＋
　　　했 ＋ 다　⇒　했다　した
　　　했 ＋ 습니다　⇒　했습니다　しました
　　　했 ＋ 어요　⇒　했어요　しました

なお、動詞の場合、上記の過去形で、「～しました」と「～していました」の両方の意味を持ちます。

145

◎제가 말했습니다.　私が言いました。
◎그 여자를 정말 사랑했어요.　彼女を本当に愛していました。

〈名詞＋하다〉形の動詞の否定文は、名詞と하다の間に안が入ります。

◎같이 식사 안 했어요?　一緒に食事しなかったのですか?

2. 아직 안＋動詞の過去形　「まだ〜していません」

〈안＋動詞の過去形〉の前に아직がつくと、「まだ〜していません」という意味になります。

◎집에 전화했어요?　家に電話しましたか?
◎아뇨, 아직 안 했어요.　いいえ、まだしていません。

> 発音のポイント⑦：
> 하다のさまざまな発音変化

하다はㅎで始まるため、その前のパッチムとの組み合わせによってさまざまな発音変化を起こします。

시작하다 ⇒ [시자카다]（激音化）
안 하다　⇒ [아나다]（ㅎが弱化）

27課 「食事しましたか？」

練習問題

1. 次の用言を합니다体と해요体の過去形に書き換えましょう。

例　좋아하다　好きだ　　　좋아했습니다　　　좋아했어요

1) 이야기하다　話す　　　_____　　　_____

2) 생각하다　考える　　　_____　　　_____

3) 운동하다　運動する　　_____　　　_____

4) 잘하다　上手だ　　　　_____　　　_____

2. (　)内を埋めて、文を完成させましょう。

1) 今年はまだ一度も旅行をしていません。
   올해는 (　　) 한 번도 여행을 (　) 했어요.

2) いつ話しましたか？
   언제 (　　　　)?

3) 今日は仕事をたくさんしました。
   (　　)은 일을 (　　) (　　　　).

4) どう思いましたか？
   어떻게 (　　　　)?

5) まだ試験勉強を始めていません。
   (　) (　) (　)를 (　) 안 했어요.

147

28課 「地下鉄に乗って行きます」

テヒさんはこれから明洞で友人に会い、南大門市場へ買い物に行く予定です。

> 현우: 태희 씨는 오늘 친구하고 뭐 해요?
> 태희: 먼저 명동에서 점심을 먹고 남대문시장으로 가요.
> 현우: 명동까지 어떻게 가요?
> 태희: 지하철을 타고 가요.
> 현우: 시장에서 뭘 사요?
> 태희: 옷도 사고 안경도 사요.

【本文の訳】

ヒョヌ: テヒさんは今日友達と何をするんですか？
テ ヒ: まず明洞でお昼を食べてから、南大門市場へ行きます。
ヒョヌ: 明洞までどうやって行きますか？
テ ヒ: 地下鉄に乗って行きます。
ヒョヌ: 市場で何を買うんですか？
テ ヒ: 服も買って、メガネも買います。

28課 「地下鉄に乗って行きます」

【語句】
①먼저　まず　　　　　　　　②명동〈明洞〉　ミョンドン
③점심〈点心〉　昼ごはん、ランチ*4級　④먹고　食べて　辞 먹다
⑤남대문시장　漢南大門市場　　⑥-으로　〜へ
⑦지하철　漢地下鉄　　　　　⑧타고　乗って　辞 타다
⑨뭘　何を　　　　　　　　　⑩사요？　買いますか？　辞 사다
⑪옷　服　　　　　　　　　　⑫사고　買って　辞 사다
⑬안경〈眼鏡〉　メガネ

◆語句の説明……………………………………………………………………
②ソウルの繁華街。⑤ソウル南大門近くの市場。⑨무엇을の縮約形です。무엇을→뭘를→뭘

1．接続の語尾　-고　「〜して、〜で」

-고は、「〜して」「〜で」のように、文をさらに続ける時に使う語尾です。用言の語幹につけます。

$$\boxed{語幹}+\boxed{고}$$

하다　する　：　$\boxed{하}+\boxed{고}$⇒하고　して

좋다　よい　：　$\boxed{좋}+\boxed{고}$⇒좋고[조코]　よくて

-고には主に次の①〜③のような意味があります。

①〜して、〜するし、〜だし：全ての用言に接続して、ことがらを並列します。

◎옷도 사고 안경도 사요.
　服も買って、めがねも買います。
◎그 집은 비빔밥이 맛있고 싸요.
　そのお店はビビンバがおいしくて安いです。

149

◎테희 씨는 한국사람이고 유리코 씨는 일본사람이에요.
　テヒさんは韓国人で、ゆり子さんは日本人です。

② ～してから：動詞に接続して、前の行為が後ろの行為より先行することを表します。

◎명동에서 점심을 먹고 남대문시장으로 가요.
　明洞でお昼を食べて、南大門市場へ行きます。

③ ～した状態で：動詞に接続して、前の行為をした状態で後ろの行為をすることを表します。

◎지하철을 타고 가요.
　地下鉄に乗って行きます。

◎안경을 쓰고 잘 보세요.
　メガネをかけてよく見てください。

2. -로/-으로 「～で」「～として」「～へ、～に」

25課に出てきた-로/-으로 하다(～にする)という表現の「～に」の他に、この助詞には次の①～③のような意味があります。

① ～で、～によって、～を使って：道具・手段・材料・方法

◎한국어로 이야기해요.
　韓国語で話します。

◎이 책으로 공부합니다.
　この本で勉強します。

② ～として：資格・立場

  ◎의사로 일해요.
  　医者として働いています。

③ ～へ、～に：方向

  ◎서울로 가세요？
  　ソウルに行かれますか？

【単語帳】 ～乗り物編～

① 버스　バス　　　　　　② 비행기　漢飛行機
③ 차　漢車　　　　　　　④ 자동차　漢自動車
⑤ 전철〈電鉄〉　電車　　⑥ 택시　タクシー

練習問題

1．下線部の用言を適切な形に書き換えてみましょう。

1）このお店はビビンバも<u>おいしいし</u>冷麺もおいしいです。

　　이 집은 비빔밥도 <u>맛있다</u> 냉면도 맛있어요．
　　　　　　　　　（　　　　）

2）友達と<u>食事して</u>映画を見ました。

　　친구하고 <u>식사하다</u> 영화를 봤습니다．
　　　　　　（　　　　）

151

3) 今日は授業があり、明日はアルバイトがあります。

　　오늘은 수업이 있<u>다</u> 내일은 아르바이트*가 있어요. *4級
　　　　　　　　 (　　)

2. (　)の中に-로と-으로のうち適切なものを入れましょう。

1) 한글(　　) 쓰세요.
　 ハングルで書いてください。

2) 눈(　　) 봤어요.
　 目で見ました。

3) 일본말(　　) 이야기할까요?
　 日本語で話しましょうか？

4) 선물(　　) 뭘 받았어요?
　 プレゼントとして何をもらいましたか？

5) 산(　　) 갈까요?
　 山へ行きましょうか？

3．次の文を訳してみましょう。

1) A：どの(어느)映画を見ましょうか？
   B：この映画もいいし、この映画もいいです。

   A：

   B：

2) A：空港(공항)までどうやって行きますか？
   B：バスに乗って行ってください。

   A：

   B：

3) この服は安くていいです。

29課「早く会いたいです」

留学を決意したゆかさんは、韓国に帰国したミンギュさんに電話をかけました。

유카 : 한국에 빨리 가고 싶어요.
민규 : 유카 씨, 서울에서 뭐 하고 싶어요?
유카 : 한국 음식을 많이 먹고 싶어요.
민규 : 그러면 삼겹살 집에 갈까요?
유카 : 삼겹살보다 불고기를 먹고 싶어요.
민규 : 알았어요. 또 뭘 하고 싶어요?
유카 : 영화도 보고 싶고 민규 씨 학교에도 가고 싶어요.
민규 : 좋아요. 빨리 유카 씨 보고 싶어요.

【本文の訳】
ゆ　　か：韓国に早く行きたいです。
ミンギュ：ゆかさん、ソウルで何したいですか？
ゆ　　か：韓国料理をたくさん食べたいです。
ミンギュ：じゃあ、サムギョプサルの店に行き

29課 「早く会いたいです」

　　　　　ましょうか？
ゆ　か：サムギョプサルよりプルゴギが食べたいです。
ミンギュ：わかりました。それから、何がしたいですか？
ゆ　か：映画も見たいし、ミンギュさんの学校にも行きたいです。
ミンギュ：いいですよ。早くゆかさんに会いたいです。

【語　句】

①빨리　早く　　　　　　　　　②가고 싶어요　行きたいです
③하고 싶어요？　したいですか？　④먹고 싶어요　食べたいです
⑤삼겹살　サムギョプサル　　　⑥-보다　～より
⑦알았어요　分かりました　辞 알다　⑧또　また、それから、さらに
⑨보고 싶고　見たいし　　　　⑩보고 싶어요　会いたいです

◆語句の説明‥‥‥‥‥‥‥‥‥‥‥‥‥‥‥‥‥‥‥‥‥‥‥‥‥‥‥‥‥

　②、③、④、⑨、⑩싶어요 辞 싶다 ⑤豚の三枚肉の焼肉。⑨싶고は、싶다の語幹に並列の語尾-고(28課参照)が接続した形です。⑩보다には「見る」だけでなく「会う」という意味があります。〔例〕또 봐요(また会いましょう)。

1．-고 싶다 「～したい」

　「～したい」という願望を表す表現です。動詞および있다の語幹につきます。싶다は形容詞です。

$$\boxed{語幹} + \boxed{고} \; 싶다$$

		합니다体	해요体
現在形	～したいです	-고 싶습니다	-고 싶어요
過去形	～したかったです	-고 싶었습니다	-고 싶었어요

155

◎빨리 결혼하고 싶습니다.
　早く結婚したいです。

◎저도 거기에 가고 싶었어요.
　私もそこに行きたかったです。

◎영어를 공부하고 싶으세요?
　英語を勉強なさりたいのですか?

「〜したくない」と否定する場合、안を動詞の前に置きます。

◎그 불고기 집에는 안 가고 싶어요.
　あのプルゴギ屋には行きたくありません。

2. -보다 「〜より」

-보다は、AよりBの方がどうであると、2つのものや事柄を比較する時に使う「〜より」に当たる助詞です。しばしば 더(もっと、さらに)という副詞と共に使われます。

◎이 집은 비빔밥보다 냉면이 맛있어요.
　このお店はビビンバより冷麺がおいしいです。

◎이것보다 저것이 더 싸요.
　これよりあれの方が安いです。

◎나보다 유카 씨가 더 잘해요.
　私よりユカさんの方が上手です。

練習問題

1. 次の語句と-고 싶어요を使って、「～したいです」という文章を作ってみましょう。

1) 영어를 배우다　英語を学ぶ

2) 같이 식사하다　一緒に食事する

3) 명동에 가다　明洞に行く

4) 옷을 사다　服を買う

5) 한국어로 이야기하다　韓国語で話す

2．次の日本語を韓国語に訳してみましょう。

1）サムギョプサルよりプルゴギの方がおいしいです。

　　...

2）今日は学校に行きたくありません。

　　...

3）明洞で映画を見たいですか？

　　...

4）私も一緒に行きたかったです。

　　...

29課 「早く会いたいです」

3. (　　　)の中に入れるのに適切なものを①〜④の中から1つ選びましょう。

・사과를 (　　　) 싶어요.

①먹　　　②먹어요　　　③먹어　　　④먹고

30課「お酒は飲めません」

夕方、ソジンさんはヨナさんを飲みに誘いました。

> 서진 : **연아 씨, 밥 먹었어요?**
> 연아 : **네, 먹었어요. 그런데 왜요?**
> 서진 : **우리 오늘 술 마실까요?**
> 연아 : **오늘은 못 가요.**
> **아르바이트가 있어요.**
> 서진 : **그래요? 그러면 다음에 같이 가요.**
> 연아 : **네. 그런데 저 술을 못 마셔요.**

【本文の訳】

ソジン：ヨナさん、ご飯食べましたか？
ヨ ナ：ええ、食べました。でもどうしてですか？
ソジン：今日、一緒に飲みませんか？
ヨ ナ：今日は行けません。
　　　アルバイトがあります。
ソジン：そうなんですか。それじゃあ、
　　　次は一緒に行きましょう。
ヨ ナ：ええ。でも私、お酒が飲めないんです。

30課 「お酒は飲めません」

【語句】
① 밥　ご飯
② 못 ～　～できない
③ 아르바이트　アルバイト*4級
④ 다음에　次に、次回に

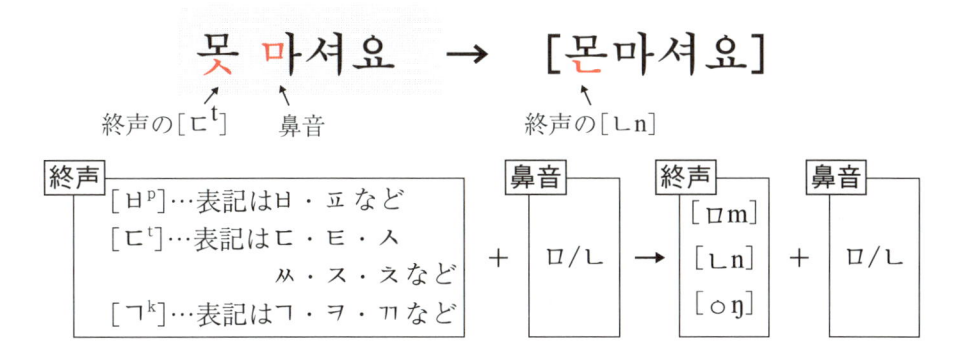

発音の変化⑤　鼻音化

　口音（閉鎖音）の終声[ㅂᵖ]、[ㄷᵗ]、[ㄱᵏ]は、直後に鼻音であるㅁ[m]やㄴ[n]が来ると、それぞれ対応する鼻音[ㅁm]、[ㄴn]、[ㅇŋ]で発音されます。この発音変化を**鼻音化**と呼びます。

못 마셔요　→　[몬마셔요]
　↑
終声の[ㄷᵗ]　鼻音　　　　終声の[ㄴn]

終声		鼻音		終声		鼻音
[ㅂᵖ]…表記はㅂ・ㅍなど [ㄷᵗ]…表記はㄷ・ㅌ・ㅅ 　　　ㅆ・ㅈ・ㅊなど [ㄱᵏ]…表記はㄱ・ㅋ・ㄲなど	+	ㅁ/ㄴ	→	[ㅁm] [ㄴn] [ㅇŋ]	+	ㅁ/ㄴ

◎ 밥 먹었어요　⇒　[밤머거써요]　ごはんを食べました
◎ 감사합니다　⇒　[감사함니다]　ありがとうございます
◎ 한국말　⇒　[한궁말]　韓国語

"対応"ってどういうこと？

　5課1の口音の終声の口内断面図と2の鼻音の口内断面図を見ても分かるように、[ㅂᵖ]と[ㅁm]、[ㄷᵗ]と[ㄴn]、[ㄱᵏ]と[ㅇŋ]は唇や舌の位置が同じで

161

す。このように唇や舌の位置が同じ音同士を「対応関係にある」と言います。

対応！
ㅂ ㅁ
ㄷ ㄴ
ㄱ ㅇ

なお、鼻音化が発音問題として出題されるのは4級からです。

■못 ～ 「～できない」

17課で、안+用言は「～しない」「～していない」という意味になると習いました。못は用言の前に置いて「～できない」という意味を表します。못は[몯]と発音します。

◎집을 못 삽니다.
　家を買えません。

◎지하철을 못 탔어요.
　地下鉄に乗れませんでした。

◎거기 못 가요？
　そこに行けませんか？

〈名詞＋하다〉形の하다用言の場合は、名詞と하다の間に못を入れます。

◎어제 공부 못 했어요.
　昨日、勉強できませんでした。

30課 「お酒は飲めません」

못と用言は分かち書きします。発音する時は、못[몯]の終声[ㄷ]が様々な発音の変化をもたらします。

못 봐요 ⇒ [몯뽜요] 見られません

못 닫아요 ⇒ [몯따다요] 閉められません

못 만나요 ⇒ [몬만나요] 会えません

못 나갑니다 ⇒ [몬나갑니다] 出ていけません

공부 못 해요* ⇒ [공부모태요] 勉強できません

*23課に出てきた못하다とは別の単語です。

練習問題

1．次の語句を使って、「〜できません」という文章を作ってみましょう。

1）전화를 받다　電話に出る

2）이야기하다　話す

3）커피를 마시다　コーヒーを飲む

4) 버스를 타고 가다 バスに乗って行く

　　_____

5) 그 여자하고 결혼하다 その女性と結婚する

　　_____

2. (　)内を埋めて、文を完成させましょう。

1) 映画を見られませんでした。

　　영화를 (　　) (　　　　).

2) 図書館で勉強できません。

　　도서관에서 (　　　) (　　　) (　　　　　).

3) 友達に会えませんでした。

　　친구를 (　　　) (　　　　).

4) その服を買えません。

　　그 옷을 (　　　) (　　　　).

5）今日は会社に行けません。

　　　（　　　）회사에（　　）（　　　　）．

3．下線部の単語を発音通り表記したものを①～④の中から1つ選びましょう。

　　・지금 전화를 <u>못 받아요</u>.

　① [몬빠다요]　② [몬바다요]　③ [몬파다요]　④ [모바다요]

31課 「どこか具合が悪いのですか?」

　大学の寮で、具合が悪そうにしているテヒさんにヒョヌさんがたずねました。

현우: **어디 아파요? 감기에 걸렸어요?**

태희: **모르겠어요.**
　　　아침부터 속이 안 좋아요.
　　　그리고 머리도 많이 아파요.

현우: **약은 먹었어요?**

태희: **아뇨, 약이 없어요.**

현우: **빨리 병원으로 가요. 같이 갈까요?**

【本文の訳】

ヒョヌ：どこか具合が悪いのですか？　風邪を
　　　　引いたのですか？

テ　ヒ：分かりません。
　　　　朝から胃の具合がよくありません。
　　　　それに頭もとても痛いです。

ヒョヌ：薬は飲みましたか？

31課 「どこか具合が悪いのですか？」

テ　ヒ：いいえ、薬がありません。
ヒョヌ：早く病院に行ってください。一緒に行きましょうか？

【語 句】

①아파요？　**具合が悪いですか？**　辞 아프다
②감기〈感気〉　**風邪**
③걸렸어요？　**かかりましたか？**　辞 걸리다
④모르겠어요　**分かりません**　辞 모르다
⑤아침　**朝**　　　　　　　⑥속　**お腹の中、胃**
⑦머리　**頭**　　　　　　　⑧약　**漢 薬**
⑨병원　**漢 病院**

◆語句の説明………………………………………………………………

①으語幹用言。-가/-이 아프다 は、「～の具合が悪い」「～が痛い」という意味で、体調不良の時によく使う表現です。어디 아파요？は「(体の)どこか具合が悪いのですか？」「どこか痛いのですか？」という意味で、体調の悪そうな人に聞く決まり文句のようなものです。②③감기에 걸리다は「風邪にかかる」。他に감기가 들다(4級)という言い方もあります。⑧「薬を飲む」は、약을 먹다と言います。

१．으語幹用言

　語幹が母音の「ㅡ」で終わる用言の内、一部を**으語幹用言**と言います。으語幹用言は、-아요/-어요（～します、～です）や過去の補助語幹-았-/-었-と接続する時に①語幹の最後の母音「ㅡ」が脱落するのが特徴です。そして、②その直前の母音が陽母音ㅏかㅗなら-아요や-았-を、ㅏとㅗ以外なら-어요や-었-をつけます。

　　　　「ㅡ」のひとつ前の母音が陽母音
　　　　↓
　　아프다 痛い　아프 ＋ 아요 ⇒ 아파요 痛いです
　　　　　　　　　↑
　　　　語幹の最後の「ㅡ」が脱落

167

「ㅡ」のひとつ前の母音が陰母音
↓
예쁘다 きれいだ*4級 예쁘 + 어요 ⇒ 예뻐요 きれいです
　　　　　　　　　　↑
　　　　　語幹の最後の「ㅡ」が脱落

また、語幹が1音節の場合は、「ㅡ」が脱落した後、-어요や-었-をつけます。

크다 大きい ㅋ + 어요 ⇒ 커요 大きいです
　　　　　　↑
　　　「ㅡ」が脱落

過去形は次のようになります。

	합니다体	해요体	
아프다 ⇒	아팠습니다	아팠어요	痛かったです
예쁘다 ⇒	예뻤습니다	예뻤어요	きれいでした
크다 ⇒	컸습니다	컸어요	大きかったです

2. 모르겠어요 「わかりません」

　辞書形は모르다(知らない、分からない)です。
　同じ모르다を使って表現する모릅니다/몰라요が「知りません」というニュアンスで使われるのが多い(20課)のに対して、語幹と語尾の間に-겠-が入った形の모르겠습니다/모르겠어요は「分かりません」というニュアンスで使われたり、「知りません」をより丁寧に言う時に使われたりします。-겠-は本テキスト33課と4級テキストで学習します。よく使う表現なので、今は丸ごと覚えておきましょう。

31課 「どこか具合が悪いのですか？」

練習問題

1. 次の으語幹用言を해요体で「～します／～です」、「～しました／～でした」と書き換えてみましょう。

例　아프다　痛い　　　　　아파요 痛いです　　아팠어요 痛いです

1）나쁘다　悪い　　　　　　　＿＿＿＿＿＿＿　＿＿＿＿＿＿＿
2）고프다　（お腹が）空いている　＿＿＿＿＿＿＿　＿＿＿＿＿＿＿
3）쓰다　　書く、かぶる、使う　＿＿＿＿＿＿＿　＿＿＿＿＿＿＿
4）바쁘다*4級　忙しい　　　　　＿＿＿＿＿＿＿　＿＿＿＿＿＿＿
5）슬프다*4級　悲しい　　　　　＿＿＿＿＿＿＿　＿＿＿＿＿＿＿

2.（　）内を埋めて、해요体で文を完成させましょう。

1）私は目が悪いです。

　　（　　）눈이（　　　　）.

2）なぜめがねをかけないのですか。（めがねをかける＝안경을 쓰다）

　　왜 안경을（　　）（　　　　）?

3）お腹が空いています。

　　배가（　　　　）.

4）昨日とても忙しかったです。

　　어제 많이（　　　　　）.

5) うちの息子は背が高いです。(背が高い＝키가 크다)

　　（　　　）아들은 키가 （　　　　）.

3. 下の単語帳の絵を参考に、어디가 아프세요？(どこの具合がお悪いのですか？) という問いに "-가/-이 아파요" と答えてみましょう。

【単語帳】 ～身体名称編～

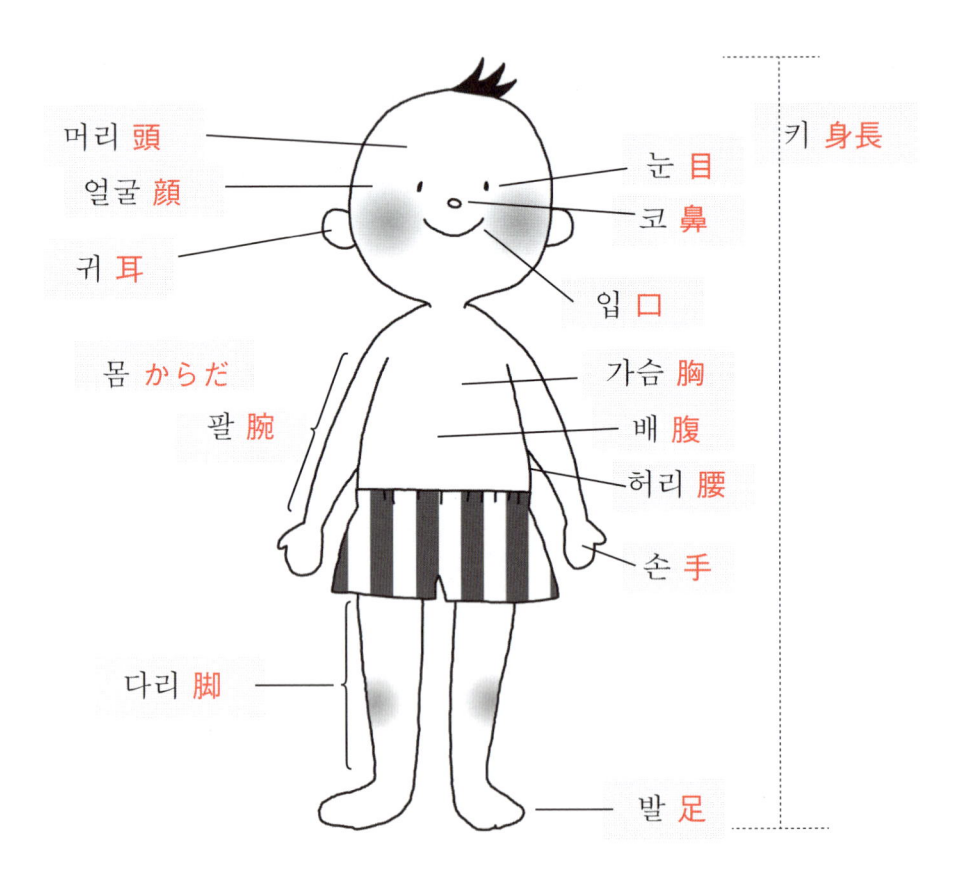

- 머리 頭
- 얼굴 顔
- 귀 耳
- 몸 からだ
- 팔 腕
- 눈 目
- 코 鼻
- 입 口
- 가슴 胸
- 배 腹
- 허리 腰
- 손 手
- 키 身長
- 다리 脚
- 발 足

31課 「どこか具合が悪いのですか?」

32課「ソウルは寒いでしょう？」

　ソウルに住むゆり子さんは、以前交流会で知り合ったチンスさんから電話をもらいました。チンスさんは今、釜山の実家に帰省中です。

진　수：여보세요?
　　　　유리코 씨! 저예요, 저.
유리코：네? 실례지만 거기가 어디죠?
진　수：박진수예요. 오래간만이에요.
유리코：아, 진수 씨! 잘 있었어요?
진　수：저는 언제나 잘 있죠.
　　　　서울은 많이 춥죠?
유리코：네, 오늘 눈이 많이 내렸어요.

【本文の訳】
チンス：もしもし。
　　　　ゆり子さん！　私です、私。
ゆり子：え？　失礼ですが、どちら様でしょう？
　　　　（直訳：そちらはどこでしょうか？）
チンス：パク・チンスです。お久しぶりです。
ゆり子：あぁ、チンスさん！　お元気でしたか？

32課 「ソウルは寒いでしょう？」

チンス：私はいつも元気ですよ。
　　　　ソウルはずいぶん寒いでしょう？
ゆり子：ええ、今日雪がたくさん降りました。

【語句】

① 여보세요？　もしもし　　　　② 네？　え？
③ 실례지만〈失礼-〉　失礼ですが　④ 어디죠？　どちら様でしょうか？
⑤ 오래간만이에요　久しぶりです　⑥ 잘 있었어요？　元気でしたか？
⑦ 언제나　いつでも　　　　　　⑧ 잘 있죠　元気ですよ
⑨ 춥죠？　寒いでしょう？　寒いですよね？　[辞]춥다
⑩ 눈　雪
⑪ 내렸어요　(雪や雨が)降りました　[辞]내리다

◆語句の説明……………………………………………………………

③-지만(〜ですが)は、4級テキストで習う語尾です。④電話で、相手が誰かをたずねる時の表現です。누구세요？とも言います。⑥잘 있다は「元気だ」という表現です。⑧있죠 [辞] 있다 ⑨ㅂ変格用言。

■ -지요/-죠 「〜ですよ、〜でしょう」

-지요は、用言の語幹に接続します。-지요は、縮めて-죠という形でよく使います。

$$\boxed{語幹} + \boxed{지요/죠}$$

用言の語幹と-지요/-죠の間に補助語幹を用いることもできます。

$$\boxed{語幹} + \boxed{補助語幹} + \boxed{지요/죠}$$

指定詞-이다に接続すると-이지요となりますが、母音で終わる体言につく場合、이はしばしば脱落します。

$$학교 + \boxed{이} + \boxed{지요} \Rightarrow 학교이지요 または 학교지요　学校ですよ$$

173

子音で終わる体言につく場合は、이は脱落しません。

집 + 이 + 지요 ⇒ 집이지요　家ですよ

-지요/-죠には次のような用法があります。

① 文末のイントネーションを下げて言う場合…「〜しますよ」「〜ですよ」
相手に同意したり、自分の話や考え、意志を相手にやわらかく伝える時にも使います。

◎언제나 잘 있지요.　いつでも元気ですよ。

② 疑問詞を伴わない疑問文の場合…「〜しますよね？」「〜ですよね？」
（相手も知っていると思われる）話し手の考え・判断を聞き手に確認したり、同意を求めたりするニュアンスになります。本文のチンスさんの춥지요？という言葉から、チンスさんがソウルは寒いだろうと思っていることがうかがえます。

◎맛있죠?
　おいしいでしょう？

◎맛있었죠?
　おいしかったでしょう？

◎시간이 없죠?
　時間ないですよね？

③ 疑問詞を伴う疑問文の場合…「〜しますかね？」「〜ですかね？」「〜するでしょうか？」「〜でしょうか？」
軽く、またはやわらかくたずねる疑問文になります。

32課 「ソウルは寒いでしょう？」

◎어디지요？
　どこでしょう？

◎얼마지요？
　いくらでしょう？

◎어떻게 하지요？
　どうするのでしょう？

【単語帳】　～天気編～

①눈이 내리다 / 눈이 오다　雪が降る
②비가 내리다 / 비가 오다　雨が降る
③구름이 많다　雲が多い　　　　④날씨가 좋다　天気がいい
⑤날씨가 나쁘다　天気が悪い　　⑥춥다　寒い
⑦덥다　暑い

175

練習問題

1．次の疑問文の文末を-죠？に書き換えてみましょう。

1）누구예요？　誰ですか？

→ _____　誰でしょうか？

2）무슨 약이에요？　何の薬ですか？

→ _____　何の薬でしょうか？

3）민규 씨는 학생이에요？　ミンギュさんは学生ですか？

→ _____　ミンギュさんは学生ですよね？

4）지금 비가 와요？　今、雨が降っていますか？

→ _____　今、雨が降っているでしょう？

5）날씨가 좋아요？　いい天気ですか？

→ _____　いい天気ですよね？

32課 「ソウルは寒いでしょう？」

2. 次の問いかけの文に、提示された文と語尾-죠を使って答えてみましょう。

1) A : 술을 먹을까요?　お酒を飲みましょうか？
　　B : 좋다

　　→ ....
　　　　いいですよ。

2) A : 그 사람, 남자 친구지요?　その人、ボーイフレンドでしょ？
　　B : 저는 그 사람의 여자 친구가 아니다

　　→ ....
　　　　私はあの人のガールフレンドじゃありませんよ。

3) A : 그 회사 어때요?　その会社、どうですか？
　　B : 좀 문제가 있다

　　→ ....
　　　　少し問題がありますよ。

177

33課 「冷麺はひとつにします」

　25課の話続きです。ナヨンさんと食事に来たユノさんは、どんどん料理を注文していきます。

윤호 : 여기요! 불고기하고 이 술 주세요.
　　　그리고 냉면도 둘 주세요.
점원 : 예, 알겠습니다.
나영 : 잠깐만요, 좀 많아요.
　　　저 냉면은 안 먹겠어요.
윤호 : 그래요? 그러면 냉면은 하나로 하겠습니다.

【本文の訳】
ユ　ノ：すみません！　プルゴギとこのお酒ください。
　　　　それから、冷麺も２つください。
店　員：はい、かしこまりました。
ナヨン：ちょっと待って、少し多いわ。
　　　　私、冷麺は食べません。
ユ　ノ：そうですか。では、冷麺はひとつにします。

33課 「冷麺はひとつにします」

【語　句】
①여기요　すみません　　　　　　②냉면　漢冷麺
③알겠습니다　かしこまりました、分かりました　辞 알다
④잠깐만요　ちょっと待ってください、少々お待ちください
⑤먹겠어요　食べます、食べるつもりです　辞 먹다
⑥하겠습니다　します、するつもりです　辞 하다

◆語句の説明……………………………………………………………
①直訳は「こちらです」で、人の注意を引きつけたり、人を呼び止める時に使う言葉。

1．補助語幹-겠-　「〜するつもり」

「〜するつもりだ」と意志を表す表現は、次のように作ります。

語幹 + 겠 + 語尾

하다　する　　하 + 겠 + 다　⇒ 하겠다　するつもりだ

　語幹と語尾に挟まれた　の部分-겠-は、「〜するつもり」という意志を表す補助語幹です。補助語幹は、語幹に接続して、拡大した語幹を作ります。

語幹 + 補助語幹 ⇒ 拡大した語幹
하 + 겠 ⇒ 하겠

　「〜するつもりです」と丁寧に文を終わらせるには、この拡大した語幹に합니다体や해요体の語尾を接続します。拡大した語幹は、子音で終わる子音語幹ですから、합니다体なら、-습니다/-습니까？が接続します。해요体は一律に、-어요(？)が接続します。

179

합니다体　　語幹 + 겠 + 습니다/습니까？
해요体　　　語幹 + 겠 + 어요/어요？

◎지금부터 수업을 시작하겠습니다.
　今から授業を始めます。
◎이 술로 하겠어요？
　このお酒にしますか？

> 먹겠어요도 먹어요도 둘 다 「食べます」と訳せるけど、どう違うの？

> 먹겠어요は、例えばレストランで同伴者とメニューを選ぶシーンで使えます。

◎저는 냉면을 먹겠어요.　私は冷麺を食べます。
　この먹겠어요には話し手の、これから行うという意志が表れています。では、下の文はどうでしょう？

◎저는 냉면을 잘 먹어요.　私は冷麺をよく食べます。
　この먹어요には、話し手の習慣や習性が表れていて、意志は現れていません。日本語では同じ「食べます」と訳せますが、「〜するつもりだ」という意志をはっきり表したい時は、-겠-を使います。

２．알겠습니다 「分かりました」

　알겠습니다/알겠어요の-겠-は「～するつもりだ」と意志を表すものではありません。
　この場合の-겠-は、「～いたします」、「～でございます」と丁寧・控えめな気持ちを表現しています。
　この-겠-はハン検４級の出題範囲ですが、よく使う表現である알겠습니다/알겠어요は５級の出題範囲です。

練習問題

1．次の文の文末を-겠습니다に書き換えて、日本語に訳してみましょう。

1) 문제(問題)를 하나 내다

　　_____

　　(日本語訳)_____

2) 내일 전화하다

　　_____

　　(日本語訳)_____

3) 커피로 하다

　　_____

　　(日本語訳)_____

4) 여기서 내리다

　　_____

　　(日本語訳)_____

2. (　)内を埋めて、文を完成させましょう。文末には-겠습니다/-겠습니까?を使いましょう。

1) 私も一緒にします。
   (　　) 같이 (　　　　　　　).

2) 先に行きます。
   먼저 (　　　　　　　).

3) 今日はお酒を飲みません。
   오늘은 (　　　) (　　) (　　　　　　　).

4) どの本にしますか?
   어느 책으로 (　　　　　　　)?

3. (　)の中に入れるのに適切なものを①〜④の中から1つ選びましょう。

・좀 덥지요? 문을 (　　　　　).
  少し熱いですね？　ドアを開けます。

①열겠어요　②내리겠어요　③보겠어요　④넣겠어요

34課 「菅井茂と申しますが」

茂さんは韓国語の先生のお宅に電話をしました。電話に出たのは先生の娘さんでした。

딸: **여보세요?**
시게루: **안녕하십니까?**
　　　　저는 스가이 시게루라고 합니다만 김창호 선생님 계십니까?
딸: **아버지는 지금 안 계십니다.**
시게루: **몇 시에 집에 오십니까?**
딸: **잘 모르겠습니다.**
시게루: **알겠습니다.**
　　　　그러면 내일 다시 전화하겠습니다.

【本文の訳】

娘：もしもし。
茂：こんにちは。
　　わたくしは、菅井茂と申しますが、
　　キム・チャンホ先生いらっしゃいますか？
娘：父は今おりません。

34課 「菅井茂と申しますが」

茂：何時にお帰りですか？
娘：よく存じません。
茂：分かりました。
　　では、明日また電話いたします。

【語　句】
①스가이 시게루라고 합니다만　菅井茂と申しますが
②선생님〈先生-〉　先生
③계십니까？　いらっしゃいますか？　[辞]계시다
④아버지　父、お父さん
⑤오십니까？　来られますか？　[辞]오다
⑥다시　また、再び
⑦전화하겠습니다〈電話-〉　電話いたします　[辞]전화하다

◆語句の説明………………………………………………………………
　①합니다만 [辞]하다　⑤오다（来る）の語幹に-십니까？（～なさいますか？）が接続しています。

1. 身内への尊敬語

　韓国・朝鮮語では、外部の人に、家族や同じ組織など身内の年上や目上の人について話す時、尊敬語を使います。

　　　　社長は今おりません。
　　사장님은 지금 안 계십니다.
　　（直訳：社長様は今いらっしゃいません）

2. 尊敬語の계시다「いらっしゃる」

　계시다は、있다（いる）の尊敬語で、最初から尊敬語になっています。多くの用言は、用言の語幹に-(으)십니다/-(으)세요をつけることで「～なさいま

185

す」「～でいらっしゃいます」という尊敬表現になりますが(14課、16課)、계시다のように最初から尊敬語になっている用言がいくつかあります。

있다	いる	→	계시다	いらっしゃる	
먹다	食べる	→	드시다	召し上がる	*4級
자다	寝る	→	주무시다	お休みになる	*4級

> 계시다の해요体は계세요です。

ちなみに、物が「ある」という意味の있다を使って「おありです」というのは있으십니다/있으세요です。人が「いらっしゃる」の場合には使えません。

◎지금 시간이 있으세요?　今、お時間おありですか？

3. -ㅂ니다만/-습니다만　「～ですが」

합니다体の文末語尾-ㅂ니다/-습니다(9課参照)に만がついた語尾です。「～しますが」「～ですが」と文章を続ける時に使います。また、途中で話をやめて言葉を濁す時にも使います。-ㅂ니다만/-습니다만は、-ㅂ니다마는/-습니다마는の縮約形です。

母音語幹	+	ㅂ니다만
ㄹ語幹 − ㄹ	+	ㅂ니다만
子音語幹	+	습니다만

◎A：편의점이 있습니까?　コンビニはありますか？
　B：네, 있습니다만 좀 멀어요.　はい、ありますが、ちょっと遠いです。

186

34課 「菅井茂と申しますが」

用言の語幹と-ㅂ니다만/-습니다만の間に補助語幹を用いることもできます。

$$\boxed{用言の語幹} + \boxed{補助語幹} + \boxed{-ㅂ니다만/-습니다만}$$

◎한국말을 1년 공부했습니다만 아직 잘 못해요.
韓国語を1年勉強しましたが、まだよくできません。

◎저도 같이 가겠습니다만……
私も一緒に行くつもりですが……

練習問題

1. 次の語句を「〜ですが」、「〜しますが」という表現に書き換えましょう。

例) 미안하다　すまない　→　미안합니다만　すみませんが

1) 시간이 없다　時間がない

　→ _____

2) 죄송하다　申し訳ない

　→ _____

3) 오늘은 회사에 안 가다　今日は会社に行かない

　→ _____

187

4) 약을 먹고 싶다 薬を飲みたい

→ ....

2. 次の文を訳してみましょう。

1) 머리가 좀 아픕니다만 괜찮아요.

....

2) 한국에 살고 싶습니다만 한국 음식을 잘 못 먹어요.

....

3) 잘 모르겠습니다만…….

....

4) 선생님은 지금 학교에 안 계십니다.

....

5) 할아버지는 어디 계세요?

....

34課 「菅井茂と申しますが」

35課 「本当ですか？」

ソジンさんは、ヨナさんから食事に誘われ、信じられない様子です。

연아 : **서진 씨, 내일 저녁에 시간 있어요?**
서진 : **네? 저요?**
연아 : **맞아요. 서진 씨요. 같이 식사해요.**
서진 : **정말요?**
연아 : **괜찮죠? 역 앞의 레스토랑 어때요?**
서진 : **거기요? 좋지요. 그런데 왜요?**
연아 : **제가요…… 내일 생일이에요. 축하해 주세요.**

【本文の訳】
ヨ ナ：ソジンさん、明日の夕方時間ありますか？
ソジン：え、僕ですか？
ヨ ナ：そうですよ。ソジンさんです。一緒に食事しましょう。
ソジン：本当ですか？

35課 「本当ですか?」

ヨ ナ：いいでしょう？　駅前のレストランはどうですか？
ソジン：あそこですか？　いいですよ。でも、どうしてですか？
ヨ ナ：私……明日、誕生日なんです。祝ってください。

【語　句】
①저요？　**私ですか？、私のことですか？**
②맞아요　**その通りです**　[辞] 맞다　③서진 씨요　**ソジンさんのことです**
④정말요？〈正-〉　**本当ですか？**　⑤레스토랑　**レストラン**＊3級
⑥거기요？　**あそこですか？**　⑦제가요　**私がですね**
⑧축하해 주세요〈祝賀-〉　**祝ってください**＊4級
　◆語句の説明……………………………………………………
　　③서진 씨+요　④정말+요　⑥거기+요　⑦제가+요

■ 表現を丁寧にする-요(？)/-이요(？)　「～です(か)」

　-요(？)/-이요(？)は、体言(名詞・代名詞・数詞)、副詞、助詞、語尾などの後ろについて、表現を丁寧にします。-요(？)/-이요(？)をつけずに、それらの単語を使うと、ぞんざいな言葉遣いになります。子音で終わる単語につく時は、-이요(？)という形になることもあります。主に次のような場面で用います。

①相手の言ったことに対して聞き返す時：～ですか？～のことですか？

▶声をかけられて
　◎저요？　**私ですか？／私のことですか？**

▶「駅前のレストランはどうですか？」という問いに対して
　◎거기요？　**あそこですか？**

②文の一部だけを使って発話を終わらせる時：〜です、〜ですか？

例えば、어디서 왔어요？（どこから来ましたか？）という問いに対して、일본에서 왔어요（日本から来ました）と完全な文章で答えずに、質問の答えとなる部分だけを述べる場合、일본에서だけだと丁寧ではありません。そこで、일본에서に-요をつけ、일본에서요とすると、「日本からです」という丁寧な表現になります。

非丁寧形	丁寧形
정말？ 本当？	정말요？／정말이요？ 本当ですか？
왜？ なぜ？	왜요？ なぜですか？
누가？ 誰が？	누가요？ 誰がですか？
오빠도 兄も	오빠도요 兄もです
어떻게？ どうやって？	어떻게요？ どうやってですか？
택시를 타고 タクシーに乗って	택시를 타고요 タクシーに乗ってです

③文を中継ぎしながら述べる時：〜ですね、〜なんですが

口癖のようなニュアンスで、言葉を選びながら発したり、躊躇しながら発言する時によく使われます。

◎실은요, 내일이요, 제 생일이에요.
実はですね、明日がですね、私の誕生日なのです。

35課 「本当ですか?」

練習問題

1. Aの言葉に対する応答文を、-요(?)/-이요(?)を使って訳してみましょう。

1) A：내일 같이 식사해요.　明日一緒に食事しましょう。

　　B①：明日ですか？　　　→ _____
　　B②：一緒にですか？　　→ _____
　　B③：食事ですか？　　　→ _____

2) A：오늘부터 한국어 공부를 시작했어요.
　　　　　　　　　　　今日から韓国語の勉強を始めました。

　　B①：今日からですか？　→ _____
　　B②：韓国語ですか？　　→ _____

3) A：어디서 친구를 만났어요?　どこで友達に会いましたか？

　　B：明洞でです。　　　　→ _____

4) A：그 일은 연아 씨가 하세요.　その仕事はヨナさんがしてください。

　　B：え？　私がですか？　→ _____

2. 次の文を訳してみましょう。

1) A : 축구를 좋아해요? →
　 B : 네. →
　 A : 그러면 야구는요? →

2) 명동에서요, 점심을 먹고요, 남대문시장으로 갔어요.

　 →

3) A : 저는 냉면을 먹고 싶어요. 서진 씨는요?

　 →

　 B : 저요? 저는요, 비빔밥을 시키겠어요.

　 →

35課 「本当ですか?」

36課「ソウルは冬のように寒いです」

　ゆかさんは、ソウルでの留学生活をスタートさせました。初日の宿題は、短い作文です。

　오늘부터 수업이 시작되었습니다.
서울은 아직 겨울과 같이 춥습니다.
저는 하숙집에 삽니다.
하숙생은 모두 한국사람입니다.
그래서 한국어 공부가 잘됩니다.
저에게는 하숙집도 학교와 같습니다.
　　　　　　　　　　3월 2일

【本文の訳】
今日から授業が始まりました。
ソウルはまだ冬のように寒いです。
私は下宿に住んでいます。
下宿生はみな韓国人です。
ですから、韓国語の勉強になります。
私には下宿も学校のようなものです。
　　　　　3月2日

36課 「ソウルは冬のように寒いです」

【語句】
① 시작되었습니다〈始作-〉　始まりました　[辞] 시작되다
② 겨울　冬
③ -과 같이　～のように
④ 하숙집〈下宿-〉　下宿*準2級
⑤ 하숙생　[漢] 下宿生*準2級
⑥ 모두　みな
⑦ 그래서　ですから、それで*4級
⑧ 잘됩니다　うまくいきます、うまく進みます　[辞] 잘되다
⑨ -에게는　(人・動物)～には、～にとっては
⑩ -와 같습니다　～のようです、～と同じです

◆語句の説明……………………………………………………………………
⑨-에게+-는、⑩같습니다 [辞] 같다

１．あらたまった文章

　作文や演説のように不特定多数の読者・聞き手を想定したあらたまった文では、해요体より합니다体を使うのが一般的です。また、縮約形を使わない方が、よりあらたまった文章になります。

	縮約形	非縮約形
始まりました	시작됐습니다	시작되었습니다
これ	이거	이것
何	무어/뭐	무엇

　助詞の中には、書き言葉でよく使われるものと、話し言葉でよく使われるものがあります。だからといって、両者が、必ずしも厳密に使われるシーンが区別されるわけではありません。書き言葉的な助詞を使う方が、よりあらたまった文章になります。

	話し言葉的	書き言葉的
～と	-하고	（前の単語が母音で終わる場合）-와
		（前の単語が子音で終わる場合）-과
（人・動物）～に、～にとって	-한테	-에게
例文	나하고 같이 갈까요？ 私と一緒に行きましょうか？ 친구한테 전화했어요. 友達に電話しました。	오늘은 여름과 같습니다. 今日は夏のようです。 동생에게 편지를 썼습니다. 弟に手紙を書きました。

2．-와/-과/-하고 같다 「～と同じだ」「～のようだ」

같다は「同じだ」という意味の形容詞です。副詞形は같이、連体形は같은です。よく、助詞-하고や-와/-과と組み合わせて使います。

①-와/-과/-하고 같다

a) ～と同じだ

◎이 옷은 저 옷하고 같아요.

この服はあの服と同じです。

b) ～のようだ、～みたいだ

◎하숙집도 학교와 같습니다.

下宿も学校のようです。

②-와/-과/-하고 같이

a) ～と同じく

◎한국은 일본과 같이 여름이 아주 덥습니다.

韓国は日本と同じく、夏がとても暑いです。

b) 〜のように、〜みたいに
◎겨울과 같이 춥습니다.
　冬のように寒いです。

c) 〜と一緒に
◎친구하고 같이 영화를 봤어요.
　友達と一緒に映画を見ました。

③ -와/-과/-하고 같은 -

a) 〜と同じ〜
◎저도 민규 씨하고 같은 생각이에요.
　私もミンギュさんと同じ考えです。

b) 〜のような〜、〜みたいな〜
◎겨울과 같은 날씨입니다.
　冬のような天気です。

①〜③の各b)のように比ゆ的・例示的に使う時は、しばしば助詞-와/-과/-하고が省かれます。

◎유카 씨는 한국사람 같아요.
　ゆかさんは韓国人みたいです。
◎우리는 매일같이* 만나요. (*같이は、ここでは助詞です。)
　私たちは毎日のように会います。
◎민규 씨 같은 사람을 좋아해요.
　ミンギュさんのような人が好きです。

【単語帳】　〜季節編〜

①봄　春　　　　　　②여름　夏
③가을　秋　　　　　④겨울　冬

練習問題

1. ( )の中に-와と-과のうち適切なものを入れてみましょう。

1) これと 이것(   )   2) 韓国と   한국   (   )
3) 会社と 회사(   )   4) 教科書と 교과서   (   )
5) 鉛筆と 연필(   )   6) 祖父と   할아버지(   )

2. (   )内を埋めて、文を完成させましょう。助詞は話し言葉的なものを使っても書き言葉的なものを使ってもかまいません。

1) この薬は私に合います。
   (   )(   ) 저(   ) 맞습니다.

2) 誰にメールを送りましたか？
   누구(   )(   )을 보냈어요?

3) 今日は夏のように暑いです。
   (   ) 여름(   )(   ) 덥습니다.

4) ミンギュさんは私にとって兄のようです。
   민규 씨는 저(   ) 오빠(   ) 같아요.

5) 私は私の父のような人と結婚したいです。
   저는 우리 아버지(   )(   ) 사람(   ) 결혼하고 싶어요.

6) 私もゆかさんと同じ教科書で勉強しました。
   저(   ) 유카 씨(   )(   ) 교과서(   ) 공부했어요.

～「語基」や「連用形」って何のこと？～　コラム⑦

Q 「語基」や「連用形」という言葉を耳にしたことがあるのですが、何のことですか？

A 本書では、語基という用語を使いませんが、他の学習の場でこのような用語に出会うこともありますので、簡単に説明します。語基とは、用言の活用を説明する際に用いられる用語です。母音語幹を持つ보다(見る)と、子音語幹の먹다(食べる)を例に説明します。

　　보고(見て)　　볼까요?(見ましょうか)　　보아요(봐요)(見ます)
　　먹고(食べて)　먹을까요?(食べましょうか)　먹어요(食べます)

これを、本書では、つぎのように語幹と語尾に分けて説明しています。

　　보+고　　　보+ㄹ까요　　　보+아요(보+ㅏ요)
　　먹+고　　　먹+을까요　　　먹+어요

一方、語基を用いた説明では、次のように分けます。

　　보+고　　　보+ㄹ까요　　　보아+요(봐+요)
　　먹+고　　　먹으+ㄹ까요　　먹어+요

　つまり、本書と語基式説明では、語幹と語尾の境界線が異なるのです。本書では語幹の種類に応じて-ㄹ까요または-을까요、-아요または-어요のように語尾類を変化させますが、語基式では、語尾の形は一定です。その代り、語幹が変化、つまり「活用」するのです。語幹は3つの形に活用し、それぞれ第Ⅰ語基、第Ⅱ語基、第Ⅲ語基と呼びます。語基の基本的な作り方は以下の通りです。

▶第Ⅰ語基…辞書形(基本形)から-다を除いた形
　　　　　보-、먹-

▶第Ⅱ語基…母音語幹用言と ㄹ語幹用言の場合は「第Ⅰ語基」と同じ形
　　　　　보-、먹-
　　　　　子音語幹用言の場合は「第Ⅰ語基」に으をつけた形
　　　　　먹으-
　　　　　※ただし、ㄹ語幹用言の場合、第Ⅰ、第Ⅱ語基とも、ㄹが脱落
　　　　　 した形も存在します。例えば、살다(住む)の第Ⅰ語基と第Ⅱ
　　　　　 語基は、살-と사-の両方の形があります。
▶第Ⅲ語基…「第Ⅰ語基」に아または어をつけた形
　　　　　봐-、먹어-

　３つの活用形を、教材によっては別の呼び方をしていますが、考え方は語基式と同じです。特に第Ⅲ語基の形を、「連用形」と呼ぶ教材が多いようです。

36課 「ソウルは冬のように寒いです」

以上で「ハン検5級レベル」
「ハングルの初歩」に関する
私の授業は終了です。
37課からはハン検5級の
模擬試験＆解説です。
さぁ、チャレンジ
してみましょう。

「ハン検」
5級レベル

37課 筆記問題模擬試験 〈60分〉

1 発音通り表記したものを①～④の中から１つ選びなさい。
　（マークシートの１番～３番を使いなさい）

1）만들었습니다　　　　　　　　　　　　　　1

　① [만드러씀니다]　　　② [만드러슴니다]
　③ [만드러씀미다]　　　④ [만드러슴미다]

2）읽어요　　　　　　　　　　　　　　　　　2

　① [일꺼요]　② [이러요]　③ [이거요]　④ [일거요]

3）놓았어요　　　　　　　　　　　　　　　　3

　① [노아서요]　② [노하써요]　③ [노하서요]　④ [노아써요]

2 次の日本語の意味を正しく表記したものを①～④の中から１つ選びなさい。
　（マークシートの４番～７番を使いなさい）

1）おばあさん　　　　　　　　　　　　　　　4

　① 하머니　　② 할머니　　③ 하루모니　　④ 홀머니

37課 「筆記問題模擬試験」

2）痛い　　　　　　　　　　　　　　　　　　　　5

　　① 아뿌다　　② 아푸다　　③ 아쁘다　　④ 아프다

3）はやく　　　　　　　　　　　　　　　　　　　6

　　① 빨리　　　② 발리　　　③ 빠리　　　④ 팔리

4）切手　　　　　　　　　　　　　　　　　　　　7

　　① 유표　　　② 우포　　　③ 유포　　　④ 우표

3 次の日本語に当たるものを①〜④の中から1つ選びなさい。
　　（マークシートの8番〜12番を使いなさい）

1）食べ物　　　　　　　　　　　　　　　　　　　8

　　① 음악　　　② 음식　　　③ 운동　　　④ 은행

2）一度　　　　　　　　　　　　　　　　　　　　9

　　① 일 번　　② 한 번　　　③ 두 번　　　④ 이 번

3）何　　　　　　　　　　　　　　　　　　　　　10

　　① 언제　　　② 무엇　　　③ 어떻게　　④ 왜

205

4) 小さいです　　　　　　　　　　　　　　　　11

　　① 작습니다　　② 잡니다　　③ 찍습니다　　④ 줍니다

5) 9個　　　　　　　　　　　　　　　　　　　12

　　① 여덟 개　　② 일곱 개　　③ 아홉 개　　④ 다섯 개

4 （　）の中に入れるのに適切なものを①～④の中から1つ選びなさい。
（マークシートの13番～17番を使いなさい）

1) （ 13 ） 친구를 만났어요.　　　　　　　　13

　　① 지난주에　　② 다음 주에　　③ 모레　　④ 내일

2) 오빠는 안경을 （ 14 ）.　　　　　　　　14

　　① 써요　　② 가요　　③ 신어요　　④ 입어요

3) 날씨가 안 （ 15 ）. 비가 와요.　　　　　15

　　① 바빠요　　② 나빠요　　③ 좋아요　　④ 싫어요

4) 호텔 앞에서 기다리세요. （ 16 ） 가겠습니다.　　16

　　① 곧　　② 어제　　③ 더　　④ 아주

5) (17) 일로 왔어요?

① 무슨　　② 어느 것　　③ 무엇　　④ 왜

5 ( )の中に入れるのに最も適切なものを①～④の中から1つ選びなさい。
(マークシートの18番～21番を使いなさい)

1) A : 우리 무엇을 (18)?
　 B : 바다에 가고 싶어요.

① 할까요　　② 배울까요　　③ 앉을까요　　④ 잊을까요

2) A : 여기서 학교까지 (19)?
　 B : 네, 안 멀어요.

① 짧습니까　　② 높습니까　　③ 가깝습니까　　④ 작습니까

3) A : 일본은 이번이 처음이세요?
　 B : (20), 두 번째예요.

① 네　　② 아뇨　　③ 그리고　　④ 하지만

4) A : (21) 제일 먼저 잤어요?
　 B : 누나요.

① 어느　　② 누구　　③ 얼마　　④ 누가

6 下線部と内容的に最も近い意味を表すものを①〜④の中から1つ選びなさい。

（マークシートの22番〜23番を使いなさい）

1) 한국에서 잘 놀았어요.　　　　　　　　　　　　　22

　　① 한국 여행은 좋았어요　　② 한국 여행은 길었어요
　　③ 한국을 잘 모릅니다　　　④ 한국에서 많이 먹었어요

2) 가게는 몇 시에 문을 열어요?　　　　　　　　　　23

　　① 닫아요　　② 시작돼요　　③ 끝나요　　④ 나가요

7 (　　)の中に入れるのに適切なものを①〜④の中から1つ選びなさい。

（マークシートの24番〜26番を使いなさい）

1) 어디서 한국어를 (24)?　　　　　　　　　　　24

　　① 배우았어요　② 배았어요　③ 배왔어요　④ 배웠어요

2) 여기서 회사까지 몇 분 (25)?　　　　　　　　25

　　① 걸리아요　② 걸랴요　③ 걸리요　④ 걸려요

3) 이 노래 (26)?　　　　　　　　　　　　　　　26

　　① 알세요　② 아세요　③ 알으세요　④ 아르세요

208

37課 「筆記問題模擬試驗」

8 （　　）の中に入れるのに最も適切なものを①～④の中から1つ選びなさい。
（マークシートの27番～29番を使いなさい）

1) 역까지 택시(27) 갔어요.　　　　　　　　　　　27

　① 에　　　　② 으로　　　　③ 를　　　　④ 로

2) 그 치마는 좀 비싸(28).　　　　　　　　　　　28

　① 고 싶어요　② 요　　③ 가 아닙니다　④ 와 같습니다

3) A : 한국말은 정말 어렵습니다.
　 B : 영어(29) 어렵습니다.　　　　　　　　　　29

　① 이　　　　② 로　　　　③ 도　　　　④ 은

9 次の場面や状況において、最も適切なあいさつ言葉を①～④の中から1つ選びなさい。
（マークシートの30番～31番を使いなさい）

1) 久しぶりに知人に再会したとき。　　　　　　　　　30

　① 또 봐요.　　　　　　② 반갑습니다.
　③ 실례하겠습니다.　　　④ 천만에요.

209

2） おばあさんの家をおとずれて、帰るとき。　　　　　31

　　① 만나서 반가워요.　　　② 미안해요.
　　③ 안녕히 가세요.　　　　④ 안녕히 계세요.

10 対話文を完成させるのに適切なものを①〜④の中から1つ選びなさい。
　　（マークシートの32番〜36番を使いなさい）

1） A：이미경 씨죠？
　　B：（ 32 ）.　　　　　　　　　　　　　　　　32

　　① 네, 맞아요　　　　　② 네, 살았어요
　　③ 친구가 아니에요　　　④ 어제 전화했어요

2） A：（ 33 ）？
　　B：네, 누구세요？　　　　　　　　　　　　　　33

　　① 여보세요　　　　　② 비싸죠
　　③ 화장실이 어디예요　④ 옷을 벗어요

3） A：（ 34 ）？
　　B：축구입니다.　　　　　　　　　　　　　　　34

　　① 집이 어디예요　　　② 값이 얼마예요
　　③ 취미가 뭐예요　　　④ 오늘이 무슨 요일이에요

37課 「筆記問題模擬試験」

4) A : (35) ?
   B : 아뇨, 시간이 없어요.   35

   ① 한국에 친구가 있어요   ② 수요일에도 오세요
   ③ 박숙영 씨 맞아요   ④ 선생님은 어디 계세요

5) A : 모레 단어 시험이 있어요.
   B : (36) ?
   A : 아뇨, 지금부터요.   36

   ① 잘 찍어요   ② 나쁩니까
   ③ 멀어요   ④ 공부 많이 했어요

11 対話文を読んで、問いに答えなさい。
   (マークシートの37番～39番を使いなさい)

A : 어서 오세요.
B : 우리 딸 생일 선물로 그림책을 사고 싶어요.
A : '세 마리의 돼지'는 어때요?
B : (37)
A : 여기 있습니다. 그림이 정말 좋지요?
B : 네. 이 책으로 하겠습니다.
A : 감사합니다.

211

1）（　37　）の中に入れるのに適切なものを①～④の中から1つ選びなさい。　　　　　　　　　　　　　　　　　　　　　　　　　37

① 어디 계세요?　　　　② 어떤 책이에요?
③ 우리 집에도 있어요.　④ 세 마리는 좀 많아요.

2）Aが'세 마리의 돼지'をすすめる理由を①～④の中から1つ選びなさい。　　　　　　　　　　　　　　　　　　　　　　　　　38

① 子供の誕生日だから　　② 文章が良いから
③ 絵が良いから　　　　　④ 豚は縁起が良いから

3）本文の内容と一致するものを①～④の中から1つ選びなさい。　39

① AとBの娘は誕生日をむかえる。
② Bは絵本を買うことにした。
③ Bは本の中身を確認できなかった。
④ Bは息子のために絵を買った。

37課 「筆記問題模擬試験」

38課 筆記問題模擬試験解答と解説

1 文字と発音を問う問題です。様々な発音変化の規則の内、連音化（6課）、濃音化（10課）、ㅎの脱落・弱化（12課）、語尾-ㅂ니다、-습니다における鼻音化（7課）が問われます。該当する課を見直しておきましょう。

1） 만들었습니다 → 作りました

❶ [만드러씀니다]　　② [만드러슴니다]
③ [만드러씀미다]　　④ [만드러슴미다]

〈解説〉 連音化、濃音化、鼻音化の3つの発音の変化が起きています。들の終声のㄹは、後ろの어と組み合わさって러と発音されます。これを連音化といいます。また、었の終声字母（＝パッチム）のㅆは、[ㄷ]と発音されますが、これは後ろに来る初声のㅅを濃音化させます。また、습の終声ㅂの後に鼻音のㄴが来たことによって、ㅂは鼻音のㅁに変わります（ㅂ＋ㄴ→ㅁ＋ㄴ）。これを鼻音化といいます。5級の発音問題で問われる鼻音化は、語尾-ㅂ니다と-습니다の場合に限られています。

2） 읽어요 → 読みます

① [일꺼요]　② [이러요]　③ [이거요]　❹ [일거요]

〈解説〉 終声字母が2つある場合の連音化が問題となっています。終声の後ろに母音が来る時、連音化が起きます。終声字母が2つあり、しかも左右の字母が異なる場合、左の字母は終声として発音され、右の字母は連音化します。

3) 놓았어요　→　置きました

①［노아서요］　②［노하써요］　③［노하서요］　❹［노아써요］

〈解説〉　パッチムㅎの後ろに母音が来る時、ㅎは発音されません（ㅎの脱落と弱化）。았어においては、上記2）と同様、終声字母が2つある場合の連音化が問題となっています。しかし、同じ字母からなるㅆは、1文字として扱われます。よって、ㅆは後ろの어と組み合わさって써という発音になります。

2 紛らわしい綴りの中から正しいものを選ぶ問題です。綴りを覚えるのは容易ではありませんが、中には漢字の知識や他の単語の知識を生かせば覚えやすくなる単語もあります。

1）おばあさん

①하머니　❷할머니　③하루모니　④홀머니

〈解説〉　おじいさん(할아버지)とおばあさんは同じ할から始まります。また、お母さん(어머니)とおばあさんは同じ머니で終わります。ちなみに、おじいさんは、할＋아버지(お父さん)という構成です。

2）痛い

①아쁘다　②아푸다　③아쁘다　❹아프다

〈解説〉　語幹が―で終わる아프다は으語幹用言です。

215

3）はやく

    ❶ 빨리   ② 발리   ③ 빠리   ④ 팔리

〈解説〉 非常によく使う言葉です。ちなみに、「はやい」という形容詞は빠르다（4級）です。

4）切手

    ① 유표   ② 우포   ③ 유포   ❹ 우표

〈解説〉 ④우표は漢字で〈郵票〉と書きます。5級の우체국（漢字で〈郵遞局〉と表記して「郵便局」の意味）の우と同じ漢字であることが思い浮かぶとよいでしょう。표は、「チケット」、「券」という意味です。

3 4つの単語の中から正しいものを選ぶ問題です。

1）食べ物

    ① 음악 → 音楽   ❷ 음식 → 食べ物
    ③ 운동 → 運動   ④ 은행 → 銀行

〈解説〉 ②음식は漢字で〈飲食〉と書き、「食べ物」という意味です。음식の식は、식사〈食事〉の식と同じ漢字です。日本語の意味とずれる漢字語であっても、漢字語は、綴りと漢字をセットで覚えると応用が利くようになります。

38課 「筆記問題模擬試験解答と解説」

2）一度

  ① 일 번 → 1番　　　　❷ 한 번 → 1度
  ③ 두 번 → 二度　　　　④ 이 번 → 2番

〈解説〉　번は、1度、2度、3度…と回数を数える時は、한、두、세…と言う固有語の数詞につき、1番、2番、3番…と、順番を言う時は、일、이、삼…と言う漢字語の数詞につきます(⇒18課、21課)。

3）何

  ① 언제　→ いつ　　　　❷ 무엇　→ 何
  ③ 어떻게 → どのように　　④ 왜　→ なぜ

〈まとめ〉　疑問詞をおさらいしておきましょう。

何	무엇	縮約形は무어、뭐	なぜ	왜	
どこ	어디		どのように	어떻게	
いつ	언제		どのような	어떤	直後に体言がつく
どれ	어느 것	縮約形は어느 거	どの	어느	〃
誰	누구	「誰が」は누가	何の	무슨	〃
いくつ	몇		いくら	얼마	

4）小さいです

  ❶ 작습니다 → 小さいです　　② 잡니다 → 寝ます
  ③ 찍습니다 → 撮ります　　　 ④ 줍니다 → くれます、あげます

〈解説〉　それぞれ辞書形は、①작다、②자다、③찍다、④주다です。

217

5）9個

① 여덟 개　→ 8個　　② 일곱 개　→ 7個
❸ 아홉 개　→ 9個　　④ 다섯 개　→ 5個

〈解説〉 「〜個」と個数を数える助数詞개は、固有語数詞につきます(⇒21課)。

4 文脈に合う単語を選ぶ語彙問題です。

1）先週友達に会いました。

❶ 지난주에　→ 先週　　② 다음 주에　→ 来週
③ 모레　　→ あさって　④ 내일　　→ 明日

〈解説〉 文末が만났어요と過去形になっているため、入るのは①の지난주에(先週)だけです。지난주、다음 주は、副詞的に使う場合は、普通、助詞の에を伴います。다음 주は[다음쭈]と発音されます。「〜に会う」は、〜에 만나다ではなく、〜를/을 만나다と言います。

2）兄はめがねをかけます。

❶ 써요　→ かけます　② 가요　→ 行きます
③ 신어요　→ はきます　④ 입어요　→ 着ます

〈解説〉 써요の辞書形は쓰다です。動詞쓰다は「使う」、「書く」の他に、「(めがねを)かける」、「(帽子を)かぶる」、「(傘を)さす」という意味もあります。해요体になる時に쓰다→써요、크다→커요、바쁘다→바빠요のように活用する用言を으語幹用言と言います(⇒31課)。

218

3）天気がよくありません。雨が降っています。

　　① 바빠요　→ 忙しいです　　② 나빠요　→ 悪いです
　　❸ 좋아요　→ いいです　　　④ 싫어요　→ 嫌です

〈解説〉　①と②は으語幹用言で、辞書形は、①바쁘다、②나쁘다。用言の前に否定の안があるので、③が否定されて「よくありません」となります。

4）ホテルの前で待っていてください。すぐに行きます。

　　❶ 곧　→ すぐに　　　　② 어제　→ 昨日
　　③ 더　→ もっと　　　　④ 아주　→ とても

5）何の用で来ましたか。

　　❶ 무슨　→ 何の　　　　② 어느 것　→ どれ
　　③ 무엇　→ 何　　　　　④ 왜　　　→ なぜ

〈解説〉　名詞の일を修飾できるのは、①무슨のみです。

5　④と同様に文脈に合った語彙を選ぶ問題です。出題文が対話形式になっています。

1）A：わたしたち、何をしましょうか？
　　B：海に行きたいです。

　　❶ 할까요？　　→ しましょうか　　② 배울까요？　→ 学びましょうか
　　③ 앉을까요？　→ 座りましょうか　④ 잊을까요？　→ 忘れましょうか

219

〈解説〉 -(으)ㄹ까요？は、「〜しましょうか」と、相手の意向や判断をたずねる語尾。(⇒25課)。

2）A：ここから学校まで近いですか？
　　B：はい、遠くありません。

　　① 짧습니까？　→ 短いですか　② 높습니까？　→ 高いですか
　　❸ 가깝습니까？　→ 近いですか　④ 작습니까？　→ 小さいですか

3）A：日本は今回が初めてですか？
　　B：いいえ、2回目です。

　　① 네　　→ はい　　　　❷ 아뇨　→ いいえ
　　③ 그리고　→ そして　　④ 하지만　→ しかし

4）A：誰が一番先に寝ましたか？
　　B：姉です。

　　① 어느　→ どの　　　② 누구　→ 誰
　　③ 얼마　→ いくら　　❹ 누가　→ 誰が

〈解説〉 ①は必ず体言の前につくので間違いです。「誰が」は누구가ではなく누가と言います(⇒23課)。Bは、누나가 제일 먼저 잤어요(姉が一番先に寝ました)から누나の部分だけを使って答えています。ただ、누나のままだとぞんざいな言葉遣いになってしまうため、丁寧な表現にするための-요を添えています(⇒35課)。

38課 「筆記問題模擬試験解答と解説」

6　言い換え問題です。問題によっては語彙力と文法知識の両方が問われます。

1）<u>韓国で楽しかったです</u>。

　　❶ 한국 여행은 좋았어요　　→ 韓国旅行はよかったです
　　② 한국 여행은 길었어요　　→ 韓国旅行は長かったです
　　③ 한국을 잘 모릅니다　　　→ 韓国をよく知りません
　　④ 한국에서 많이 먹었어요　→ 韓国でたくさん食べました

〈解説〉　잘 놀았어요は直訳すると、「よく遊びました」となるが、「楽しく過ごしました」「楽しかったです」という意味です。例えば、どこかに旅行に行って楽しく過ごしてきた場合に使える表現です。必ずしも旅行を楽しんだことを意味するのではありませんが、この問題では①以外の選択肢はありえません。このような잘の使い方は26課に出てきました。

2）お店は<u>何時に開店しますか</u>。

　　① 닫아요？　→ 閉めますか　　❷ 시작돼요？→ 始まりますか
　　③ 끝나요？　→ 終わりますか　④ 나가요？　→ 出ますか

〈解説〉　문을 열다は「戸を開ける」、つまり「開店する」という意味です。

221

7 用言と語尾が正しく接続しているものを選ぶ文法問題です。語尾ごとに、用言のどの形に接続するか決まっています。5級で習った語尾、**-ㅂ니다/-습니다、-아요/-어요、-(으)세요、-(으)ㄹ까요、-지요、-고**や補助語幹**-았-/-었-、-겠-**がそれぞれ用言にどのように接続するのか確認しておきましょう。また、用言を、活用のしかた別に分類した場合、どのような種類(正格用言、ㄹ語幹用言、**하다**用言、**으**語幹用言など)があるかも確認しておきましょう。

1) どこで韓国語を学びましたか？

① 배우았어요　② 배았어요　③ 배왔어요　❹ 배웠어요

〈解説〉「学ぶ」の辞書形は**배우다**。**배우다**の語幹**배우**は陰語幹(語幹の最後の母音がㅗ、ㅏ以外のもの)なので、해요体の過去形にするには、**-었어요**が接続します。よって、**배우었어요**となり、さらに**우**と**어**が縮まって、**배웠어요**となります(⇒26課)。

2) ここから会社まで何分かかりますか？

① 걸리아요　② 걸랴요　③ 걸리요　❹ 걸려요

〈解説〉「かかる」の辞書形は**걸리다**。**걸리다**の語幹**걸리**は陰語幹なので、해요体の現在形には、**-어요**が接続します。よって**걸리어요**となり、さらにこれが縮んで、**걸려요**となります(⇒13課)。

3) この歌ご存じですか？

① 알세요　❷ 아세요　③ 알으세요　④ 아르세요

〈解説〉 ②아세요は、알다の해요体の尊敬形で「知っていらっしゃいますか」、「ご存知ですか」という意味(⇒16課)。알다は語幹がㄹで終わるㄹ語幹用言です。-세요と-ㅂ니다に接続する時、ㄹが脱落するので要注意。それぞれ아세요(ご存知です)、압니다(知っています)となります。5級のㄹ語幹用言には他に、길다(長い)、놀다(遊ぶ)、만들다(作る)、살다(住む、暮らす)、열다(開く)、울다(泣く)、팔다(売る)があります。

〈まとめ〉 5級で出題される語尾の類と補助語幹をまとめておきましょう。タイプ別に覚えておくと便利でしょう。

①常に語幹に直接接続するタイプ…語尾の形は常に一定です。

語尾	意味	備考	課
-ㅂ니다	～します、～です	母音語幹とㄹ語幹に接続	9
-ㅂ니까?	～しますか、～ですか	母音語幹とㄹ語幹に接続	9
-ㅂ니다마는	～しますが、～ですが	母音語幹とㄹ語幹に接続	34
-ㅂ니다만	～しますが、～ですが	母音語幹とㄹ語幹に接続	34
-습니다	～します、～です	子音語幹に接続	9
-습니까?	～しますか、～ですか	子音語幹に接続	9
-습니다마는	～しますが、～ですが	子音語幹に接続	34
-습니다만	～しますが、～ですが	子音語幹に接続	34
-고	～して、～で	全ての語幹に接続	28
-지요(?)	～しますよ(ね)、～ですよ(ね)	全ての語幹に接続	32
-죠(?)	～しますよ(ね)、～ですよ(ね)	全ての語幹に接続	32
-겠-	～するつもり～	全ての語幹に接続	33

②子音語幹に接続する際に、으を伴うタイプ…母音語幹に接続する場合、으は伴いません。

語尾	意味	備考	課
-(으)세요(?)	①～なさいます(か) ②～してください		16 24
-(으)ㄹ까요?	～しましょうか		25

③아か어から始まるタイプ…語幹の最後の母音によってどちらの語尾をつけるかが決まります。

語尾	意味	備考	課
-아요(?)	～します(か)、～です(か)	語幹の最後の母音がㅏまたはㅗの語幹に接続	12
-어요(?)	～します(か)、～です(か)	語幹の最後の母音がㅏとㅗ以外の語幹に接続	13
-았-	～した、～だった	語幹の最後の母音がㅏまたはㅗの語幹に接続	26
-었-	～した、～だった	語幹の最後の母音がㅏとㅗ以外の語幹に接続	26

　上記の表の規則通りに語尾と接続する用言は正格用言です。一方、一部の語尾と接続する時、正格用言と異なる活用をする用言があります。

　語尾が接続する際に注意が必要な用言

用言	注意事項	課
ㄹ語幹用言	-ㅂ니다、-ㅂ니까、-ㅂ니다만、-세요、-ㄹ까요が接続する際にㄹが脱落する	9,16,24 25,34
이다	해요体は예요または이에요 過去の補助語幹-었-がつくと였または이었	10,26
아니다	해요体は아니에요	15,17
하다用言	해요体は하여요または해요 過去の補助語幹-었-が接続すると하였または했	11,27
으語幹用言	③タイプの語尾や補助語幹が接続する際、母音ㅡが脱落	31
ㅂ変格用言	②③タイプの語尾や補助語幹が接続する際、ㅂが脱落、우が現れる	4級テキスト

38課 「筆記問題模擬試験解答と解説」

8 文脈に合った助詞や語尾、慣用表現を選ぶ文法問題です。5級で出題される慣用表現は、-고 싶다(〜したい)、-가/-이 아니다(〜ではない)、-(이)라고 하다(〜という)など、いくつもありません。詳しくはハングル能力検定協会発行の『合格トウミ』で確認してください。

1) 駅までタクシーで行きました。

　① 에　→ に　　② 으로　→ で　　③ 를　→ を　　❹ 로　→ で

〈解説〉　正しい助詞を選ぶ問題です。「タクシーで」の「で」は、手段・方法の-로/-으로で表しますが、택시は母音で終わっているため、接続しうるのは④로です(⇒28課)。

2) そのスカートは少し高いです。

　① 고 싶어요　→ 〜したいです　　❷ 요　→ 〜です/ます
　③ 가 아닙니다　→ 〜ではありません　④ 와 같습니다　→ 〜のようです

〈解説〉　正解の②요を入れると비싸요となります。これは비싸다の語幹비싸に語尾-아요が接続した上で重複する母音ㅏをひとつ落とした形です。①は動詞に接続します。③と④は体言に接続します。

3) A：韓国・朝鮮語は本当に難しいです。
　 B：英語も難しいです。

　① 이　→ が　　　　　　② 로　→ で/として/へ
　❸ 도　→ も　　　　　　④ 은　→ は

〈解説〉　①の이と④の은は、文脈がどうであれ、영어に接続しえません。接

225

続するならば、-이は-가、-은は-는の形にならなければなりません。

〈まとめ〉 助詞をまとめておきましょう。助詞は、あらゆる体言につくものと、体言の形に合わせて形が変わるものがあります。また、同じ意味でも、話し言葉と書き言葉で使い分けがある助詞があります。

助詞	意味	備考	課
까지	～まで		21
도	～も		11
만	～だけ、～ばかり		19
보다	～より		29
부터	【時の起点・順序】～から		20
서	【場所】①～で ②～から	에서の縮約形	16
에	～に		9
에게	（人・動物）～に	書き言葉的	36
에서	【場所】①～で ②～から		11
의	～の		11
하고	～と	話し言葉的	36
한테	（人・動物）～に	話し言葉的	36
로/으로	①～で ②～として ③～へ		25,28
와/과	～と	書き言葉的	36
는/은	～は		8
를/을	～を		11
가/이	～が、～は		10
라고/이라고	～と		9

9 この大問では代表的なあいさつ・あいづち表現が問われます。出題範囲は『合格トウミ』の「あいさつ・あいづちなど」のページにまとめて載っています。これらの表現には、未習の文法事項や発音変化も含まれていますが、5級の段階では丸ごと覚えておきましょう。数が限られていますから、得点が望める問題です。

1) 久しぶりに知人に再会したとき。

① 또 봐요.　　　　→ また会いましょう。
❷ 반갑습니다.　　　→ お会いできてうれしいです。
③ 실례하겠습니다.　→ 失礼します。
④ 천만에요.　　　　→ どういたしまして／とんでもないです。

2) おばあさんの家をおとずれて、帰るとき。

① 만나서 반가워요.　→ お会いできてうれしいです。
② 미안해요.　　　　→ すみません。
③ 안녕히 가세요.　　→ (去る人に対して)さようなら。
❹ 안녕히 계세요.　　→ (その場に留まる人に対して)さようなら。

〈解説〉　④は電話を切る時やメール、手紙の結びにも使います。

10 対話文を完成させる問題です。まるまる一文が空欄になっています。あいさつやあいづち表現も出てくるので、⑨同様、5級の「あいさつ・あいづち」を把握しておくと役に立ちます。

1）A：イ・ミギョンさんですよね？
　　B：(32)．

　　❶ 네, 맞아요　　　→ はい、そうです
　　② 네, 살았어요　　→ はい、暮らしていました／住んでいました
　　③ 친구가 아니에요　→ 友達ではありません
　　④ 어제 전화했어요　→ 昨日電話しました

〈解説〉 -죠？は「～ですよね？」と確認するニュアンスの語尾(⇒32課)。맞아요は「そうです」、「その通りです」というあいづち。辞書形は맞다。

2）A：(33)？
　　B：はい、どなたさまですか。

　　❶ 여보세요　　　　→ もしもし
　　② 비싸죠　　　　　→ 高いですよね
　　③ 화장실이 어디예요　→ トイレはどこですか
　　④ 옷을 벗어요　　　→ 服を脱ぎますか

〈解説〉 電話でのやりとりです。「どなたさま」に当たる疑問詞はありません。「だれ」であろうが、「どなたさま」であろうが、疑問詞は누구です。述部を-예요ではなく、-세요と言うことで尊敬形になります(⇒14課)。

228

38課 「筆記問題模擬試験解答と解説」

3） A：（ 34 ）？
　　B：축구입니다.

① 집이 어디예요　　　→ 家はどこですか
② 값이 얼마예요　　　→ 値段はいくらですか
❸ 취미가 뭐예요　　　→ 趣味は何ですか
④ 오늘이 무슨 요일이에요　→ 今日は何曜日ですか

〈解説〉　疑問詞を伴う疑問文では、普通、「～は」を-가/-이で表します。(⇒18課）

4） A：（ 35 ）？
　　B：いいえ、時間がありません。

① 한국에 친구가 있어요
　　→ 韓国に友達がいますか
❷ 수요일에도 오세요
　　→ 水曜日にもいらっしゃいますか
③ 박숙영 씨 맞아요
　　→ パク・スギョンさんですか／パク・スギョンさんでよろしいですか
④ 선생님은 어디 계세요
　　→ 先生はどこにいらっしゃいますか

229

5) A：あさって単語の試験があります。
　　B：（　36　）？
　　A：いいえ、今からです。

　　① 잘 찍어요　　　→ よく撮りますか
　　② 나쁩니까　　　→ 悪いですか
　　③ 멀어요　　　　→ 遠いですか
　　❹ 공부 많이 했어요　→ たくさん勉強しましたか

〈解説〉　지금부터요の-요は、해요、가요などの-요とは別物です。体言、助詞、副詞などに接続し、発話全体を丁寧なものにする働きを持ちます。例えば、지금부터だけだと「今から」という意味になり、同等または目下の人に対する言葉遣いになってしまいます。日本語で「今からです」と、「です」をつけると丁寧な表現になるように、지금부터に-요をつけると丁寧な表現になります（⇒35課）。①の찍다は、写真などを「撮る」という意味ですが、俗語で、「（試験で）見当をつけて答えを選ぶ」という意味もあります。その意味で解釈しても、次のAの発言である아뇨, 지금부터요にはつながりません。

11　長文や対話文を読んで答える問題です。

A：いらっしゃいませ。
B：うちの娘の誕生日プレゼントに絵本を買いたいです。
A：『三匹のこぶた』はどうですか？
B：（　37　）
A：はい、どうぞ。絵が本当にいいでしょう？
B：はい。この本にします。
A：ありがとうございます。

38課 「筆記問題模擬試験解答と解説」

1) ① 어디 계세요?　　　　→ どこにいらっしゃいますか。
   ❷ 어떤 책이에요?　　　→ どんな本ですか。
   ③ 우리 집에도 있어요　→ うちにもあります。
   ④ 세 마리는 좀 많아요.　→ 3匹はちょっと多いです。

〈解説〉　**여기 있습니다**が続くため、**어디**が入りそうですが、**여기 있습니다**は相手に何かを差し出す時に言う「はい、どうぞ」という意味もあります。縮めて**여있습니다**と言う時もあります。

2) ① 子供の誕生日だから　　　② 文章が良いから
   ❸ 絵が良いから　　　　　　④ 豚は縁起が良いから

〈解説〉　店員が、그림이 정말 좋지요?と言っているので、正解は③

3) ① AとBの娘は誕生日をむかえる。
   ❷ Bは絵本を買うことにした。
   ③ Bは本の中身を確認できなかった。
   ④ Bは息子のために絵を買った。

〈解説〉　**-로 하다**は「～にする」という意味。**이 책으로 하겠습니다**は、つまり**이 책을 사겠습니다**(この本を買います)という意味です。**-겠-**については33課参照。

39課 聞きとり模擬試験問題〈30分〉

これから5級の聞きとりテストを行います。選択肢①〜④の中から解答を1つ選び、マークシートの指定された欄にマークしてください。どの問題もメモをする場合は問題冊子の空欄にしてください。マークシートにメモをしてはいけません。では始めます。

1 短い文を2回読みます。(　　)の中に入れるのに適切なものを①〜④の中から1つ選んでください。解答はマークシートの1番〜3番にマークしてください。次の問題に移るまでの時間は15秒です。では始めます。

1) 많이 (　　　).　　　　　　　　　　　　　　　1

① 웃었어요　　② 잊었어요　　③ 있어요　　④ 울었어요

2) (　　　) 안 좋아요.　　　　　　　　　　　　　2

① 손이　　② 소리　　③ 속이　　④ 소가

39課 「聞きとり模擬試験問題」

3) 메일을 (　　　).　　　　　　　　　　　　3

① 받아요　　② 받았어요　　③ 썼어요　　④ 맞았어요

2 短い文を2回読みます。(　)の中に入れるのに適切なものを①～④の中から1つ選んでください。解答はマークシートの4番～6番にマークしてください。次の問題に移るまでの時間は20秒です。では始めます。

1) 종이가 (　　　)장 있어요.　　　　　　　4

① 7　　② 1　　③ 8　　④ 5

2) (　　　)입니다.　　　　　　　　　　　5

① 300원　　② 400원　　③ 3,000원　　④ 4,000원

3) 역까지 (　　　)분 걸립니다.　　　　　　6

① 15　　② 12　　③ 25　　④ 22

233

3 文章と質問文を2回読みます。【質問】に対する答えとして適切な絵を①〜④の中から1つ選んでください。解答はマークシートの7番〜8番にマークしてください。次の問題に移るまでの時間は30秒です。では始めます。

1)

【質問】　　　　　　　　　　　　　　　　　　　　　　　　　7

39課 「聞きとり模擬試験問題」

2) ̶̶

【質問】 ̶̶ 8

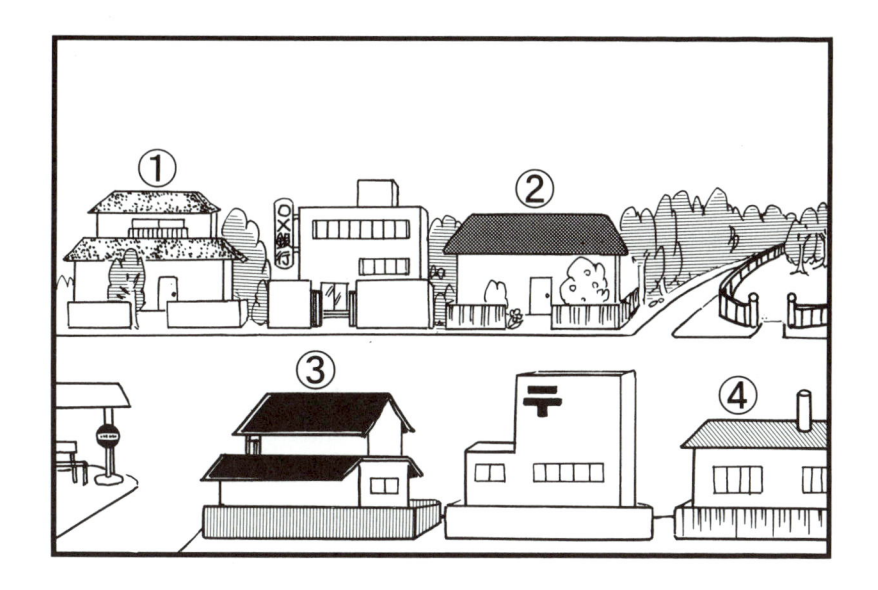

|4| 短い文を2回読みます。応答文として最も適切なものを①〜④の中から1つ選んでください。解答はマークシートの9番〜10番にマークしてください。次の問題に移るまでの時間は40秒です。では始めます。

1) ̶̶ 9

① 괜찮아요.   ② 천만에요.   ③ 반갑습니다.   ④ 죄송합니다.

235

2) _____ 10

　　① 두 명이에요.　　　　② 아뇨, 괜찮아요.
　　③ 불고기 어때요?　　　④ 돈은 있어요.

5 ①～④の選択肢を2回ずつ読みます。問題冊子に示された文に対する応答文として最も適切なものを1つ選んでください。解答はマークシートの11番～12番にマークしてください。次の問題に移るまでの時間は40秒です。では始めます。

1) A : 학생이세요?
　 B : (　　　).　　　　　　　　　　　　　　　　　　　　11

　　①_____　②_____
　　③_____　④_____

2) A : 이 김치 얼마예요?
　 B : (　　　).　　　　　　　　　　　　　　　　　　　　12

　　①_____　②_____
　　③_____　④_____

39課 「聞きとり模擬試験問題」

6 短い文を2回読みます。各文の日本語訳として適切なものを①～④の中から1つ選んでください。解答はマークシートの13番～15番にマークしてください。次の問題に移るまでの時間は45秒です。では始めます。

1) ──────────────────────────────── 13

① 写真を一枚もらいました。　② 写真をたくさんあげました。
③ 写真をたくさん撮りました。　④ 写真を一枚撮りました。

2) ──────────────────────────────── 14

① ビデオはどこで借りますか。
② ビデオはどこで見ますか。
③ ビビンバはどうやって作りますか。
④ ビビンバはどこで食べましたか。

3) ──────────────────────────────── 15

① 弟は兄より手が小さいです。　② 弟は兄より手が大きいです。
③ 弟は兄より足が大きいです。　④ 弟は兄より足が小さいです。

7 対話文を2回読みます。対話の内容と一致するものを①～④の中から1つ選んでください。解答はマークシートの16番～18番にマークしてください。次の問題に移るまでの時間は45秒です。では始めます。

1）男：_____
　　女：_____　　16

　　① 男性には妹が2人います。
　　② 女性にはお姉さんがいます。
　　③ 女性にはお兄さんがいます。
　　④ 男性にはお姉さんがいます。

2）男：_____
　　女：_____　　17

　　① 男性はまだ結婚する予定がありません。
　　② 女性は男性が結婚するのを知りませんでした。
　　③ 2人はまもなく結婚します。
　　④ 男性はすでに結婚しています。

3）男：_____
　　女：_____　　18

① 女性のボーイフレンドは年下です。
② 男性にはガールフレンドがいます。
③ この2人は恋人同士です。
④ 男性は女性より年上です。

8 文章と質問文をセットにして読みます。質問文は2つあり、文章と【質問1】、文章と【質問2】の形で読みます。【質問】に対する答えとして適切なものを①～④の中から1つ選んでください。解答はマークシートの19番～20番にマークしてください。それぞれの問題を解く時間は45秒です。では始めます。

_____
_____
_____

1）【質問1】_____　　19

　① 한국어　　② 영어　　③ 음악　　④ 일본어

2）【質問2】_____　　20

　① 노트　　② 학교　　③ 교과서　　④ 친구

239

40課 聞きとり模擬試験問題解答と解説

[1] 短い文を聞き、提示された文の空欄に当てはまる語を選ぶ問題です。文字を正しく読むことができれば正解できます。連音化など、発音の変化を伴う単語が出題されることが多いので、発音の変化をよく理解しておきましょう。

1) 많이 (웃었어요).　→ いっぱい笑いました。

　　❶ 웃었어요　→ 笑いました　　② 잊었어요　→ 忘れました
　　③ 있어요　　→ あります　　　④ 울었어요　→ 泣きました

2) (속이) 안 좋아요.　→ 胃の調子がよくありません。

　　① 손이　→ 手が　　　　　　② 소리　→ 音
　　❸ 속이　→ お腹が　　　　　④ 소가　→ 牛が

〈解説〉 속は、①中、内側、内部、②腹、胃、③胸の内という意味で、속이 안 좋다という場合、「胃の調子がよくない」、「お腹の具合がよくない」という意味です。속이は、[소기]と連音化します。

3) 메일을 (받았어요).　→ メールをもらいました。

　　① 받아요　→ もらいます　　❷ 받았어요　→ もらいました
　　③ 썼어요　→ 書きました　　④ 맞았어요　→ 当たりました

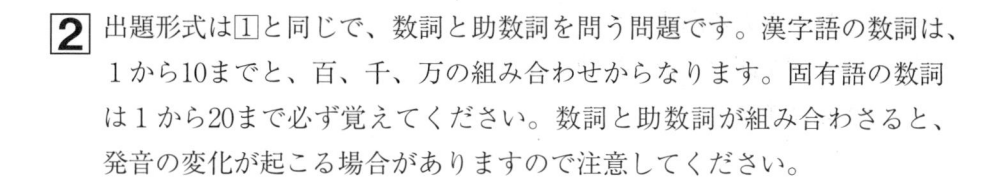

40課 「筆記問題模擬試験解答と解説」

2 出題形式は1と同じで、数詞と助数詞を問う問題です。漢字語の数詞は、1から10までと、百、千、万の組み合わせからなります。固有語の数詞は1から20まで必ず覚えてください。数詞と助数詞が組み合わさると、発音の変化が起こる場合がありますので注意してください。

1) 종이가 (일곱) 장 있어요. → 紙が7枚あります。

　　❶ 7　　　　② 1　　　　③ 8　　　　④ 5

〈解説〉 枚数を数える際には固有語数詞を使います(⇒21課)。일곱の後の장は濃音化するので、일곱 장は[일곱짱]という発音になります(⇒10課)。

2) (삼천 원)입니다. → 3千ウォンです。

　　① 300원　　② 400원　　❸ 3,000원　　④ 4,000원

〈解説〉 お金の単位である원につくのは漢字語の数詞です。십(十)や백(百)、천(千)と원の間で連音化が起きます。選択肢はそれぞれ①[삼배권]、②[사배권]、③[삼처눤]、④[사처눤]と発音されます(⇒6課)。

3) 역까지 (십오) 분 걸립니다. → 駅まで15分かかります。

　　❶ 15 → 십오　② 12 → 십이　③ 25 → 이십오　④ 22 → 이십이

〈解説〉 십の後ろに母音で始まる일、이、오が来ると連音化します。選択肢はそれぞれ①[시보]、②[시비]、③[이시보]、④[이시비]と発音されます。また、육が来ると[심뉵]と発音されます。십육の発音は丸覚えしましょう(⇒18課)。

241

3 絵を見て答える問題です。1枚の絵を見て、質問に答えるタイプと、対話や文章を聞いた後、質問を聞いて、4枚の絵の中から答えを選ぶタイプがあります。

1) 오늘은 비가 많이 내립니다. 그리고 겨울과 같이 아주 춥습니다.
　　→ 今日は雨がたくさん降っています。そして冬のようにとても寒いです。

【質問】　오늘 날씨는 몇 번입니까?　→ 今日の天気は何番ですか?

〈解説〉　-와/-과 같이は、「〜のように」という表現です(⇒36課)。「雨が降る」は、비가 오다または비가 내리다、「雪が降る」は눈이 오다または눈이 내리다、そして「暑い」は덥다と言います。덥다も춥다もㅂ変格用言と言い、活用の仕方は4級テキストで説明します。많이はㅎが脱落して[마니]と発音されます。

2) 우리 집은 은행 옆에 있어요. 집 앞에는 우체국이 있습니다.
　　→ 私の家は銀行の隣にあります。家の前には郵便局があります。

40課 「筆記問題模擬試験解答と解説」

【質問】 우리 집은 몇 번입니까?　→ 私の家は何番ですか。

〈解説〉 物の位置を把握する問題がよく出題されますので、22課を復習しておきましょう。

4 対話文を完成させる問題です。あいさつ・あいづちもよく出題されますので、『合格トウミ』で5級の出題範囲であるあいさつ・あいづちを確認しておくとよいでしょう。

1) 배가 아파요?　→ お腹が痛いですか？

　　❶ 괜찮아요.　→ 大丈夫です。
　　② 천만에요.　→ どういたしまして／とんでもないです。
　　③ 반갑습니다.　→ （お会いできて）うれしいです。
　　④ 죄송합니다.　→ 申し訳ありません。

243

2) 우리 무엇을 시킬까요?　→ 私たち、何を注文しましょうか？

　　① 두 명이에요.　　　→ 2人です。
　　② 아뇨, 괜찮아요.　　→ いいえ、結構です／大丈夫です。
　　❸ 불고기 어때요？　　→ プルゴギはどうですか？
　　④ 돈은 있어요.　　　→ お金はあります。

5　大問5も、対話文を完成させる問題ですが、出題形式が4と異なります。予め表示された問いかけの文を読んでおいて、それに対する適切な応答文を選びます。選択肢は表示されておらず、全て音声で流されます。

1) A：학생이세요？　→ 学生さんですか？

　　① 아뇨, 일본사람이에요　→ いいえ、日本人です
　　❷ 아뇨, 의사예요　　　　→ いいえ、医者です
　　③ 네, 학생이 아니에요　 → はい、学生ではありません
　　④ 네, 한국사람이에요　　→ はい、韓国人です

〈解説〉　학생이세요？は、학생이에요？の尊敬形です(⇒14課)。③は、학생이 아니세요？と否定文で聞かれた場合には、正しい応答文と言えます。

2) A：이 김치 얼마예요？　→ このキムチいくらですか？

　　① 세 개예요　　　　→ 3個です
　　❷ 사천 원이에요　　→ 4,000ウォンです
　　③ 시장에 있어요　　→ 市場にあります
　　④ 아뇨, 싸요　　　→ いいえ、安いです

40課 「筆記問題模擬試験解答と解説」

6 短い文の日本語訳を選ぶ問題です。

1) 사진을 한 장 찍었습니다.

① 写真を1枚もらいました。　② 写真をたくさんあげました。
③ 写真をたくさん撮りました。　❹ 写真を1枚撮りました。

〈解説〉 ①「もらいました」は받았습니다または받았어요。②「たくさん」は많이。「あげました」は주었습니다または주었어요。縮約形では줬습니다または줬어요。④「撮る」の辞書形は찍다。

2) 비빔밥은 어떻게 만듭니까?

① ビデオはどこで借りますか。
② ビデオはどこで見ますか。
❸ ビビンバはどうやって作りますか。
④ ビビンバはどこで食べましたか。

〈解説〉 「ビデオ」は비디오。「どこで」は어디에서または어디서。만듭니까の辞書形は만들다で、-ㅂ니다/-ㅂ니까と接続するとㄹが脱落します。

3) 남동생은 형보다 손이 커요.

① 弟は兄より手が小さいです。　❷ 弟は兄より手が大きいです。
③ 弟は兄より足が大きいです。　④ 弟は兄より足が小さいです。

〈解説〉 「足」は발、「小さいです」は작습니다または작아요。

245

7 男女の対話を聞いてその内容を把握する問題です。選択肢は「男性は~です」「女性は~します」といった形で提示されることが多いので、必ずどちらが何と言ったのかが分かるようにメモを取りましょう。試験場で配布される問題冊子には、メモ用のスペースに予め「男」「女」と印刷されているので、その横にメモするとよいでしょう。

1) 男：나는 누나가 둘 있어요.　→ 僕は姉が2人います。
　　女：나는 언니가 없어요.　　→ 私は姉がいません。

　　① 男性には妹が２人います。
　　② 女性にはお姉さんがいます。
　　③ 女性にはお兄さんがいます。
　　❹ 男性にはお姉さんがいます。

〈解説〉　男性にとっての姉は누나、女性にとっての姉は언니と言います。두 명ではなく、둘だけでも2人という意味になります。

2) 男：다음 달에 결혼해요.　　→ 来月結婚します。
　　女：정말이에요? 축하해요.　→ 本当ですか？ おめでとうございます。

　　① 男性はまだ結婚する予定がありません。
　　❷ 女性は男性が結婚するのを知りませんでした。
　　③ ２人はまもなく結婚します。
　　④ 男性はすでに結婚しています。

3) 男：남자 친구 있어요?　　　　→ ボーイフレンドはいますか？
　　女：네, 나이가 저보다 아래예요.　→ はい、私より年下です。

❶ 女性のボーイフレンドは年下です。
② 男性にはガールフレンドがいます。
③ この２人は恋人同士です。
④ 男性は女性より年上です。

〈解説〉　위와 아래는, 位置だけでなく年齢や地位の上下にも使います。「～より年上です」はいは나이가 ～보다 위예요または나이가 ～보다 많아요と言います。

8 ２～４文からなる文章や対話文を聞いて、それについての２つの質問に答える問題です。文章または対話文を聞く→【質問１】を聞いて答える→文章または対話文をもう一度聞く→【質問２】を聞いて答える、という手順で解答していきます。問題を解く手順を予め把握しておくと、スムーズに解答できるでしょう。

학교에서 일본어 수업이 시작됐습니다.
　→ 学校で日本語の授業が始まりました。
그러나 저는 교과서를 못 샀습니다.
　→ しかし、私は教科書を買えませんでした。
친구하고 같이 교과서를 봤습니다.
　→ 友達と一緒に教科書を見ました。

【質問１】　무슨 수업이 시작됐습니까？　→ 何の授業が始まりましたか。

　① 한국어　→ 韓国語
　② 영어　　→ 英語
　③ 음악　　→ 音楽
　❹ 일본어　→ 日本語

247

〈解説〉 「日本語の授業」は、日本語의 수업ではなく、名詞を羅列して일본어 수업というのが一般的です。「何の授業」は 무엇의 수업ではなく、무슨 수업と言います。

【質問2】 이 사람은 무엇이 없습니까? → この人は何がありませんか。

　　① 노트　　→ ノート　　　　② 학교　→ 学校
　　❸ 교과서　→ 教科書　　　　④ 친구　→ 友達

〈解説〉 うっかり教科書を買い忘れたか、理由があってやむを得ず買えなかった場合は、못 샀습니다と言います。意図的に買わなかった場合は 안 샀습니다と言います。-하고は、-와/-과の話し言葉です(⇒36課)。3の1)で、-와/-과 같이を「〜のように」の意味であると説明しましたが、ここでは、「〜と一緒に」という意味です。文脈で判断してください。

40課 「筆記問題模擬試験解答と解説」

かな文字のハングル表記
(大韓民国方式)

【かな】	【ハングル】	
	<語頭>	<語中>
あ い う え お	아 이 우 에 오	아 이 우 에 오
か き く け こ	가 기 구 게 고	카 키 쿠 케 코
さ し す せ そ	사 시 스 세 소	사 시 스 세 소
た ち つ て と	다 지 쓰 데 도	타 치 쓰 테 토
な に ぬ ね の	나 니 누 네 노	나 니 누 네 노
は ひ ふ へ ほ	하 히 후 헤 호	하 히 후 헤 호
ま み む め も	마 미 무 메 모	마 미 무 메 모
や　 ゆ　 よ	야　 유　 요	야　 유　 요
ら り る れ ろ	라 리 루 레 로	라 리 루 레 로
わ　　　　　を	와　　　　　오	와　　　　　오
が ぎ ぐ げ ご	가 기 구 게 고	가 기 구 게 고
ざ じ ず ぜ ぞ	자 지 즈 제 조	자 지 즈 제 조
だ ぢ づ で ど	다 지 즈 데 도	다 지 즈 데 도
ば び ぶ べ ぼ	바 비 부 베 보	바 비 부 베 보
ぱ ぴ ぷ ぺ ぽ	파 피 푸 페 포	파 피 푸 페 포
きゃ きゅ きょ	갸　 규　 교	캬　 큐　 쿄
しゃ しゅ しょ	샤　 슈　 쇼	샤　 슈　 쇼
ちゃ ちゅ ちょ	자　 주　 조	차　 추　 초
にゃ にゅ にょ	냐　 뉴　 뇨	냐　 뉴　 뇨
ひゃ ひゅ ひょ	햐　 휴　 효	햐　 휴　 효
みゃ みゅ みょ	먀　 뮤　 묘	먀　 뮤　 묘
りゃ りゅ りょ	랴　 류　 료	랴　 류　 료
ぎゃ ぎゅ ぎょ	갸　 규　 교	갸　 규　 교
じゃ じゅ じょ	자　 주　 조	자　 주　 조
びゃ びゅ びょ	뱌　 뷰　 뵤	뱌　 뷰　 뵤
ぴゃ ぴゅ ぴょ	퍄　 퓨　 표	퍄　 퓨　 표

撥音の「ん」と促音の「っ」はそれぞれパッチムのㄴ、ㅅで表す。
長母音は表記しない。タ行、ザ行、ダ行に注意。

かな文字のハングル表記
(朝鮮民主主義人民共和国方式)

【かな】	【ハングル】	
	<語頭>	<語中>
あ い う え お	아 이 우 에 오	아 이 우 에 오
か き く け こ	가 기 구 게 고	까 끼 꾸 께 꼬
さ し す せ そ	사 시 스 세 소	사 시 스 세 소
た ち つ て と	다 지 쯔 데 도	따 찌 쯔 떼 또
な に ぬ ね の	나 니 누 네 노	나 니 누 네 노
は ひ ふ へ ほ	하 히 후 헤 호	하 히 후 헤 호
ま み む め も	마 미 무 메 모	마 미 무 메 모
や ゆ よ	야 유 요	야 유 요
ら り る れ ろ	라 리 루 레 로	라 리 루 레 로
わ を	와 오	와 오
が ぎ ぐ げ ご	가 기 구 게 고	가 기 구 게 고
ざ じ ず ぜ ぞ	자 지 스 제 조	자 지 스 제 조
だ ぢ づ で ど	다 지 즈 데 도	다 지 즈 데 도
ば び ぶ べ ぼ	바 비 부 베 보	바 비 부 베 보
ぱ ぴ ぷ ぺ ぽ	빠 삐 뿌 뻬 뽀	빠 삐 뿌 뻬 뽀
きゃ きゅ きょ	갸 규 교	꺄 뀨 꾜
しゃ しゅ しょ	샤 슈 쇼	샤 슈 쇼
ちゃ ちゅ ちょ	쟈 쥬 죠	쨔 쮸 쬬
にゃ にゅ にょ	냐 뉴 뇨	냐 뉴 뇨
ひゃ ひゅ ひょ	햐 휴 효	햐 휴 효
みゃ みゅ みょ	먀 뮤 묘	먀 뮤 묘
りゃ りゅ りょ	랴 류 료	랴 류 료
ぎゃ ぎゅ ぎょ	갸 규 교	갸 규 교
じゃ じゅ じょ	쟈 쥬 죠	쟈 쥬 죠
びゃ びゅ びょ	뱌 뷰 뵤	뱌 뷰 뵤
ぴゃ ぴゅ ぴょ	뺘 쀼 뾰	뺘 쀼 뾰

撥音の「ん」は語末と母音の前ではㅇパッチム、それ以外ではㄴパッチムで表す。
促音の「っ」は、か行の前ではㄱパッチム、それ以外ではㅅパッチムで表す。
長母音は表記しない。夕行、ザ行、ダ行に注意。

練習問題の解答

5課
1. 1) ① 2) ② 3) ③ 4) ① 5) ①

6課
2. 1) ② 2) ③

8課
1. 1) 우리(는) 2) 이것(은) 3) 야구(는) 4) 여기(는) 5) 우리 집(은)
   6) 편지(는) 7) 의사(는) 8) 서울(은) 9) 일본(은) 10) 한국(은)
2. 1) 우리 집은 여기입니다. 2) 여기는 한국입니다. 3) 이것은 편지입니다.
   4) 아들은 의사입니다. 5) 취미는 야구입니다.

9課
1. 1) 김주혁(이라고) 합니다. 2) 장민아(라고) 합니다.
   3) 이민철(이라고) 합니다. 4) 박철수(라고) 합니다.
   5) 차승준(이라고) 합니다. 6) 정윤정(이라고) 합니다.
2. 1) 만납니다 2) 감사합니다 3) 쌉니다 4) 고맙습니다 5) 죄송합니다
   6) 놉니다 7) 깁니다 8) 만듭니다 9) 먹습니다 10) 입니다

10課
2. 1) 여기(가) 우리 집(이에요). 2) 저는 야구(가) 취미(예요).
   3) 이것(이) 문제(예요). 4) 아들(이) 대학생(이에요).

11課
1. 1) 사랑합니다/사랑해요 2) 운동합니다/운동해요
   3) 식사합니다/식사해요 4) 여행합니다/여행해요
   5) 죄송합니다/죄송해요

2. 1) 공부(를) (좋아합니까/좋아해요) ?
   2) 학교에서 운동(을) (합니다/해요)
   3) 나는 여자 친구(를)(사랑합니다/사랑해요).
   4) 정말 (죄송합니다/죄송해요).
3. ④

12課

1. 1) 나가요 2) 나와요 3) 싸요 4) 닫아요 5) 많아요 6) 놀아요
   7) 봐요 8) 사요 9) 살아요 10) 타요
2. ②

13課

1. 1) 웃어요 2) 울어요 3) 멀어요 4) 길어요 5) 기다려요 6) 가르쳐요
   7) 보내요 8) 세워요 9) 잘돼요 10) 읽어요
2. 1) 일본 음식은 맛있어요 ?   2) 한국어를 가르쳐요.
3. ④

14課

1. 1) 여자 친구세요 ?   2) 이 분은 한국 분이십니다.
   3) 일본은 처음이세요 ?
2. 1) 어머니십니까/어머니세요 ?   2) 두 분은 일본 분이십니까/분이세요 ?
   3) 회사원이십니다/회사원이세요. 4) 학생이십니까/학생이세요 ?
3. ①

15課

1. 1) 우리는 친구가 아닙니다. 2) 민규 씨는 제 남자 친구가 아니에요.
   3) 이분은 한국 분이 아니세요. 4) 저는 일본사람이 아닙니다.
   5) 여기는 우리 집이 아니에요. 6) 우리 언니는 의사가 아니에요.
2. 1) (제) (여동생은) 이 사람(이) (아닙니다/아니에요).

253

2) (이분은) 유카 (할머니가) (아니십니다/아니세요).
  3) 오늘(은) 수요일(이) (아닙니다/아니에요).
3. ③

16課

1. 1) 오십니다/오세요   2) 가르치십니다/가르치세요
   3) 받으십니다/받으세요   4) 아십니다/아세요   5) 보내십니다/보내세요
   6) 파십니다/파세요   7) 앉으십니다/앉으세요   8) 읽으십니다/읽으세요
2. 1) (지금) 시간 (있으십니까/있으세요)?
   2) (여기서) 누구를 (기다리십니까/기다리세요)?
3. ④

17課

1. 1) 한국 음식은 잘 안 먹어요.   2) 술은 나도 안 마셔요.
   3) 저는 지금 도쿄에 안 삽니다.   4) 한국어를 공부 안 해요?
   5) 서진 씨도 같이 식사 안 해요?   6) 오늘 학교에서 운동 안 합니다.
2. 1) 왜 (전화) (안) (합니까/해요)?
   2) (주말에는) 티브이를 (안) (봅니다/봐요).
   3) (집에서) 요리 (안) (합니까/해요)? (네), 밖에서 먹어요.
   4) (저는) 책을 (안) (읽습니다/읽어요). 신문은 (읽습니다/읽어요).

18課

1. 1) 삼월 사 일   2) 오월 칠 일   3) 유월 삼십 일   4) 칠월 십구 일
   5) 팔월 이십 일   6) 시월 십 일   7) 십이월 이십오 일

19課

1. 1) 천구백팔십사 년   2) 이십오 번   3) 사천 육백 원   4) 육십 번
   5) 이만 칠천팔백 엔   6) 오십오 분   7) 삼십삼 층
2. 1) 전화번호가 (몇) (번입니까/번이에요)?

2) (저는) (삼) (층에) 삽니다. 3) (어느) (사과가) 좋아요?
4) (그) 책은 (만 사천) 원입니다. 5) (그거), (주세요).

20課

1. 1) 오늘은 시간이 없어요. 2) 이 집 냉면은 정말 맛없어요.
   3) 저는 한국어를 모릅니다. 4) 저는 고기를 잘 안 먹어요.
   5) 생선을 안 좋아하세요? 6) 이것은 한국 김치가 아닙니다.
2. 1) 이 집은 불고기가 비쌉니다/비싸요.
   2) 오늘부터 한국어 수업이 있습니다/있어요.
   3) 쇠고기도 돼지고기도 잘 먹습니다/먹어요.

21課

1. 1) 다섯 장 2) 네 시간 3) 두 마리 4) 일곱 명 5) 세 번 6) 두 번째
   7) 여섯 권
2. 1) (그) 사과 (네) (개) 주세요.
   2) A : (몇) (살)이세요? B : (열여덟) (살)이에요.
   3) A : (몇) (분)이세요? B : (네) (사람/명)입니다.
   4) 오늘은 (한국어)를 (한) (시간) 공부합니다.

22課

1. 1) 옆, 앞, 뒤 2) 위, 밑
2. 1) (공항) (앞)에 (호텔)이 있습니다.
   2) (버스) (안)에서 매일 (친구)를 만나요.
   3) (화장실)은 (식당) (밖)에 있습니다.

23課

1. 1) ① 2) ③ 3) ②
2. 1) (그) 친구(하고) (어떻게) 만나요?
   2) (저는) 공부를 (잘) (못합니다/못해요).

255

3) (외국)에서 (누가) 와요?
4) 우리 아들은 (요리)를 (잘합니다/잘해요).

24課

1. 1) お先にどうぞ。 2) 週末、うちにいらしてください。
   3) プレゼント、どうぞ。(直訳：プレゼントを受けとってください。)
2. 1) 잠깐만 (기다리세요). 2) (여기) 있습니다. 3) 자, (웃으세요)!

25課

1. 1) 로, 로 2) 으로 3) 으로 4) 로
2. 1) (한국말로) (이야기할까요)? 2) 일요일로 (할까요)?
   3) 다음 역에서 (내릴까요)? 4) 같이 (영화를) (볼까요)?
   5) 여기 (앉을까요)?

26課

1. 1) 쌌습니다/쌌어요 2) 만났습니다/만났어요 3) 왔습니다/왔어요
   4) 닫았습니다/닫았어요 5) 많았습니다/많았어요
   6) 만들었습니다/만들었어요 7) 맛있었습니다/맛있었어요
   8) 기다렸습니다/기다렸어요 9) 잘됐습니다/잘됐어요
   10) 없었습니다/없었어요 11) 앉았습니다/앉았어요
   12) 내렸습니다/내렸어요
2. 1) 누가 문을 (닫았습니까/닫았어요)?
   2) 저는 서울에 (살았습니다/살았어요).
   3) 그 영화는 아주 (좋았습니다/좋았어요).
   4) 어제는 제 생일(이었습니다/이었어요).

27課

1. 1) 이야기했습니다/이야기했어요 2) 생각했습니다/생각했어요
   3) 운동했습니다/운동했어요 4) 잘했습니다/잘했어요

2.1) 올해는 (아직) 한 번도 여행을 (안) 했어요.
  2) 언제 (이야기했습니까/이야기했어요)?
  3) (오늘)은 일을 (많이) (했습니다/했어요).
  4) 어떻게 (생각했습니까/생각했어요)?
  5) (아직) (시험) (공부)를 (시작) 안 했어요.

28課

1.1) 맛있고 2) 식사하고 3) 있고
2.1) 로 2) 으로 3) 로 4) 로 5) 으로
3.1) A : 어느 영화를 볼까요? B : 이 영화도 좋고 이 영화도 좋습니다/좋아요.
  2) A : 공항까지 어떻게 갑니까/가요? A : 버스를 타고 가세요.
  3) 이 옷은 싸고 좋습니다/좋아요.

29課

1.1) 영어를 배우고 싶어요. 2) 같이 식사하고 싶어요.
  3) 명동에 가고 싶어요. 4) 옷을 사고 싶어요.
  5) 한국어로 이야기하고 싶어요.
2.1) 삼겹살보다 불고기가 더 맛있습니다/맛있어요.
  2) 오늘은 학교에 안 가고 싶습니다/싶어요.
  3) 명동에서 영화를 보고 싶습니까/싶어요?
  4) 저도 같이 가고 싶었습니다/싶었어요.
3. ④

30課

1.1) 전화를 못 받습니다/받아요. 2) 이야기 못 합니다/해요.
  3) 커피를 못 마십니다/마셔요. 4) 버스를 타고 못 갑니다/가요.
  5) 그 여자하고 결혼 못 합니다/해요.
2.1) 영화를 (못) (봤습니다/봤어요).

2) 도서관에서 (공부) (못) (합니다/해요).

3) 친구를 (못) (만났습니다/만났어요).

4) 그 옷을 (못) (삽니다/사요).

5) 오늘은 회사에 (못) (갑니다/가요).

3. ①

31課

1. 1) 나빠요/나빴어요 2) 고파요/고팠어요 3) 써요/썼어요

   4) 바빠요/바빴어요 5) 슬퍼요/슬펐어요

2. 1) (저는) 눈이 (나빠요). 2) 왜 안경을 (안) (써요) ?

   3) 배가 (고파요). 4) 어제 많이 (바빴어요).

   5) (우리) 아들은 키가 (커요).

3. 例 : 귀가 아파요.(耳が痛いです)

32課

1. 1) 누구죠 ? 2) 무슨 약이죠 ? 3) 민규 씨는 학생이죠 ?

   4) 지금 비가 오죠 ? 5) 날씨가 좋죠 ?

2. 1) 좋죠. 2) 저는 그 사람의 여자 친구가 아니죠. 3) 좀 문제가 있죠.

33課

1. 1) 문제를 하나 내겠습니다./問題を一つ出します。

   2) 내일 전화하겠습니다./明日電話します。

   3) 커피로 하겠습니다./コーヒーにします。

   4) 여기서 내리겠습니다./ここで降ります。

2. 1) (저도) 같이 (하겠습니다/하겠어요).

   2) 먼저 (가겠습니다/가겠어요).

   3) 오늘은 (술을) (안) (마시겠습니다/마시겠어요).

   4) 어느 책으로 (하겠습니까/하겠어요) ?

3. ①

34課

1. 1) 시간이 없습니다만 2) 죄송합니다만
   3) 오늘은 회사에 안 갑니다만 4) 약을 먹고 싶습니다만
2. 1) 頭が少し痛いですが、大丈夫です。
   2) 韓国に住みたいですが、韓国の食べ物がよく食べられません。
   3) よく分かりませんが……。 4) 先生は今、学校にいらっしゃいません。
   5) おじいさんは、どこにいらっしゃいますか？

35課

1. 1) B①：내일이요？／B②：같이요？／B③：식사요？
   2) B①：오늘부터요？／ B②：한국어요？
   3) B：명동에서요. 4) B：네？ 제가요？
2. 1) A：サッカーが好きですか？ B：はい。A：では、野球は（どうですか）？
   2) 明洞でですね、お昼ご飯を食べてですね、南大門市場に行きました。
   3) A：私は冷麺が食べたいです。ソジンさんは（どうですか）？
      B：私ですか？　私はですね、ビビンバを注文します。

36課

1. 1) 과 2) 과 3) 와 4) 와 5) 과 6) 와
2. 1) (이) (약은) 저(에게/한테) 맞습니다.
   2) 누구(에게/한테) (메일)을 보냈어요？
   3) (오늘은) 여름(과) (같이) 덥습니다.
   4) 민규 씨는 저(에게/한테) 오빠(와) 같아요.
   5) 저는 우리 아버지(와) (같은) 사람(하고/과) 결혼하고 싶어요.
   6) 저(도) 유카리 씨(하고/와) (같은) 교과서(로) 공부했어요.

用語の索引

パッチム …… 36, 37, 38, 39, 40, 41, 42, 43, 45, 71, 72, 101, 114, 126, 146, 214, 215, 250, 251
陰母音 ……………… 20, 29, 168
漢字語 …… 14, 15, 100, 104, 114, 216, 217, 241
激音 ……… 22, 30, 32, 41, 125, 126
激音化 ……… 125, 126, 146, 163
固有語 …… 14, 100, 113, 114, 217, 218, 241
語幹 … 60, 72, 75, 76, 90, 131, 135, 139, 140, 149, 155, 167, 168, 173, 179, 180, 185, 187, 201, 215, 222, 223, 224, 225
語尾 …… 46, 60, 72, 135, 139, 140, 141, 145, 149, 155, 168, 173, 177, 179, 186, 191, 201, 214, 220, 222, 223, 224, 225, 228
口音（閉鎖音） ……… 36, 63, 161
口蓋音化 ………………… 145
子音語幹 ……… 90, 131, 135, 140, 179, 186, 201, 202, 223, 224
子音字 … 16, 17, 18, 22, 26, 28, 30, 33, 36, 39, 44, 50, 51, 52
指定詞 …… 59, 60, 84, 109, 141, 173
字母 …………… 16, 18, 23, 42, 43, 44, 214, 215

終声 …… 16, 36, 37, 38, 39, 43, 45, 49, 55, 63, 64, 67, 71, 125, 126, 161, 163, 214, 215
縮約（形） ……… 72, 73, 76, 89, 103, 104, 140, 141, 142, 145, 149, 186, 197, 217, 226, 245
初声 …… 16, 17, 18, 22, 42, 44, 45, 63, 125, 126, 214
正格用言 …… 72, 75, 84, 108, 139, 222, 224
存在詞 ………… 59, 60, 107, 109
体言 … 84, 104, 173, 174, 191, 217, 220, 225, 226, 230
ㄹ語幹 …… 90, 131, 135, 186, 223
ㄹ語幹用言 …… 60, 202, 222, 223, 224
中性母音 …………………29
中声 ……………… 16, 44, 45
長音 ………………… 23, 41
濃音 ………… 22, 30, 31, 32, 44, 45, 52, 63, 79
濃音化 …… 63, 100, 163, 214, 241
半母音 ………………… 26, 27
ㄹ変格用言 ……………… 108
鼻音 … 22, 36, 37, 49, 55, 161, 214
鼻音化 …… 46, 49, 161, 162, 163, 214
分かち書き … 41, 56, 68, 104, 163

260

平音 ………… 22, 23, 25, 30, 32, 41,
　　　　　　　42, 44, 63, 126
補助語幹 … 139, 140, 167, 173, 179,
　　　　　　　187, 222, 223, 224
母音語幹 …… 60, 90, 131, 135, 140,
　　　　　　　186, 201, 202, 223, 224
母音字 … 16, 17, 18, 19, 20, 25, 26,
　　　　　27, 36, 41, 44, 50, 51, 60
有声音化 ……… 25, 42, 55, 63, 67
用言 …… 59, 60, 61, 68, 72, 73, 76,
　　77, 90, 91, 93, 107, 142, 147, 149,
　　151, 162, 163, 167, 173, 185, 186,
　　　　　187, 201, 218, 219, 222, 224
陽母音 ………… 19, 20, 29, 72, 76,
　　　　　　　　　　　　　139, 167
流音(舌側音) ………… 22, 36, 38
ㅂ変格用言 …… 119, 173, 224, 242

連音化 ……… 42, 43, 44, 55, 64, 67,
　　　　　　　100, 214, 215, 240, 241
連体形 ………………… 139, 198
으語幹用言 …… 167, 169, 215, 218,
　　　　　　　　　　　219, 222, 224
ㅎの脱落・弱化 …… 71, 214, 215
하다用言 …… 68, 69, 93, 145, 162,
　　　　　　　　　　　　　222, 224
합니다体 …… 46, 47, 48, 49, 55, 60,
　　61, 68, 79, 80, 84, 90, 108, 140,
　　147, 155, 168, 179, 180, 186, 197
해요体 ……… 46, 47, 48, 49, 64, 68,
　　　72, 73, 75, 76, 77, 79, 80, 84,
　　　90, 108, 113, 131, 140, 147,
　　　155, 168, 169, 179, 180, 186,
　　　197, 218, 222, 223, 224

著 者

黒澤朋子
幼少期から高校時代までを沖縄で過ごす。
1996年、東京外国語大学卒業。朝鮮語専攻。
西江(ソガン)大学国語国文学科修士課程修了。
韓国外国語大学通訳翻訳大学院韓日学科修士課程修了。
早稲田大学非常勤講師

監 修

ハングル能力検定協会「ハン検」教材作成委員会

「ハングル」検定公式ガイドブック
5級テキスト「ペウギ」
2014年3月1日発行

編 著	特定非営利活動法人 ハングル能力検定協会
発 行	特定非営利活動法人 ハングル能力検定協会 〒136-0071 東京都江東区亀戸2-36-12 8F TEL 03-5858-9101　FAX 03-5858-9103 http://www.hangul.or.jp
製 作	現代綜合出版印刷株式会社

定価(本体2,200円+税)
HANGUL NOURYOKU KENTEIKYOUKAI
ISBN 978-4-903096-55-1　C0087　¥2200E
無断掲載、転載を禁じます。
＜落丁・乱丁本はおとりかえします＞　　Printed in Japan